미국인의 절반은
뉴욕이 어디
있는지도 모른다

초판 1쇄 인쇄 2009년 6월 10일
초판 1쇄 발행 2009년 6월 19일

지은이 마치야마 도모히로
옮긴이 강민정
펴낸이 이영선
펴낸곳 서해문집

주간 강영선
편집장 김선정
편집 김문정 김계옥 이윤희 임경훈 성연이 최미소
디자인 오성희 김민정 김현주
마케팅 김일신 박성욱
관리 박정래 손미경

출판등록 1989년 3월 16일 (제406-2005-000047호)
주소 경기도 파주시 교하읍 문발리 파주출판도시 498-7
전화 (031)955-7470 | **팩스** (031)955-7469
홈페이지 www.booksea.co.kr | **이메일** shmj21@hanmail.net

ISBN 978-89-7483-381-7 03330

이 도서의 국립중앙도서관 출판시도서목록(CIP)은 e-CIP 홈페이지
(http://www.nl.go.kr/ecip)에서 이용하실 수 있습니다.(CIP제어번호: CIP2009001602)

AMERICA JIN NO HANBUN WA NEW YORK NO BASHO O SHIRANAI
by MACHIYAMA Tomohiro
Copyright ⓒ 2008 by MACHIYAMA Tomohiro
All Rights Reserved.
First original Japanese edition published by Bungei Shunju Ltd., Japan 2008.
Korean soft-cover rights in KOREA reserved by
BOOKSEA PUBLISHING CO. under the license granted
by MACHIYAMA Tomohiro arranged with Bungei Shunju Ltd., Japan
through The Sakai Agency, Japan and B&B AGENCY, Korea.

미국인 절반은 뉴욕이 어디 있는지도 모른다!

WANTED

마치야마 도모히로 지음
강민정 옮김

서해문집

차례

^{Round ★} 3 심화되는 **빈부 격차**

^{Round ★} 4 썩어 빠진 **정치**

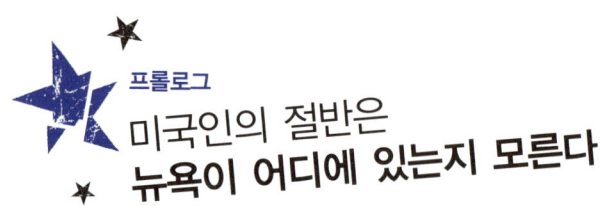

미국인의 절반은
뉴욕이 어디에 있는지 모른다

〈투나잇 쇼 The Tonight Show〉는 나 또한 매일 밤 11시 반에 거르지 않고 보는 국민적인 토크쇼다. 이 프로그램에서 가장 재미있는 코너는 역시 '제이 워킹'. 진행자인 제이 레노 Jay Leno가 직접 거리로 나가, 지나가는 사람들에게 초등학교 수준의 질문을 한다. 예를 들어 베이징 올림픽이 한창 열리고 있을 때는 이런 식이다.

"지금 올림픽이 열리고 있는 나라는 어디일까요?"

"미국?…이 아니라…"

"힌트. 아시아입니다."

"태국인가?"

"…맨 처음 올림픽이 열린 나라는 어디일까요?"

"미국?"

대답하고 있는 사람은 초등학생이나 양아치가 아니다. 멀쩡한 백인 여성이다. 레노는 무심코 질문한다. "실례지만 어떤 일을 하시죠?"

"교육학을 전공하는 대학생이에요. 졸업하면 선생님이 돼요!"

스튜디오는 웃음바다가 되었다.

수많은 방송국이 '제이 워킹'을 따라 하며, 길 가는 사람들에게 질문을 던진다.

"세계대전은 지금까지 몇 번이나 발생했을까요?"

"세 번?"

2차 세계대전을 경험했다는 노인의 대답이다.

"히로시마, 나가사키 하면 생각나는 것은 무엇일까요?"

"유도?"

"베트남 전쟁에서 미국은 이겼을까요, 졌을까요?"

"네? 물론 우리가 이겼죠!…그런데 베트남 전쟁을 일으킨 게 미국이었나요?"

이쯤 되면 역사를 논하기 이전의 문제 아닌가?

"9·11테러를 일으킨 범인의 종교는 무엇일까요?"

"힌두교!"

"알카에다란 무엇일까요?"

"이스라엘의 테러리스트!"

"미국이 이라크 다음으로 공격해야 하는 나라는 어디일까요?"

"이란!"

"이 세계지도에서 이란을 가리켜 보세요."

한 신사가 가리킨 곳은 오스트레일리아였다.

이런 유의 프로그램은 지나치게 재미있어서 '조작된 방송'이 아닐까 의심하는 사람도 있지만, 엄연한 현실이다.

2006년 내셔널지오그래픽(미국 국립지리학회)이 18~24세 미국인을 대상으로 실시한 조사에 따르면, 88퍼센트나 되는 사람들이 세계지도에서 아프가니스탄의 위치를 제대로 가리키지 못했고 63퍼센트는 이라크가 어디에 있는지 몰랐다.

"미국이 툭 하면 전쟁을 일으키는 이유는 지리 공부를 하기 위해서다."라는 우스갯소리가 있다. 여권을 가지고 있는 미국인은 전체 인구의 20퍼센트에 불과하다. 나머지 80퍼센트는 외국에 관심이 없다. 그들이 외국 땅을 밟는 것은 총을 들고 쳐들어갈 때뿐이다.

앞서 언급한 나라들이 어디에 있는지 잘 모르는 사람은 더더욱 내셔널지오그래픽의 조사 자료를 보기 바란다. 미국 지도에서 뉴욕 주가 어디에 있는지 모르는 사람이 50퍼센트나 된다.

이것이 바로 세계 최강의 패권국가라고 불리는 미국의 미래를 짊어질 젊은이들의 현실이다.

미국인의 무지함은 2004년 대선 당시 부시의 재선 성공에도 한몫했다. 선거를 1년 앞둔 2003년, 미국인의 70퍼센트가 '9·11테러의 배후는 후세인 대통령'이라고 믿으며 이라크 공격에 찬성했다. 부시 행정부가 후세인과 알카에다 사이에서 아무런 접점을 찾지 못했다는데도!

놀랍게도 '이라크 전쟁은 9·11 테러에 보복하기 위해 필요한 것'이었다고 믿는 사람은 그 후에도 줄지 않았고, 《뉴스위크 Newsweek》지의 조사에 따르면 2007년에도 41퍼센트나 되었다!

전쟁이나 외교뿐만이 아니다. 그들은 자신들이 어떤 생활을 하고 있는지조차 잘 모르고 있다. 일본에서는 국민연금이 심각한 문제로 떠오른 바 있는데, 미국에도 '사회보장 Social Security'이라고 해서 국가가 운영하는 연금제도가 있다. 그러나 베이비붐 세대의 고령화와 부시 행정부의 재정 적자 때문에 파탄이 나고 말았다. 부시는 연금을 민영화해서 주식 투자로 운영하는 '자기 책임 시스템'으로 전환하려 했지만, 2004년 대선에서는 전혀 쟁점으로 다루어지지 않았다. 아넨버그 공공정책센터가 실시한 조사에 따르면, 국민의 절반은 연금이 위기에 처했다는 사실조차 모르고 있었다.

미국인은 신문이나 TV 뉴스도 안 보나?

보지 않는다.

데이비드 민디크 David Mindich 의 책 《시대착오: 40세 이하의 미국인이 시사 뉴스를 모르는 이유 Tuned out: Why Americans under 40 Don't Follow the News》(2004)에 따르면, 18~34세의 미국인 가운데 신문을 읽는 사

람은 30퍼센트도 되지 않는다. 연령이 높아질수록 그 수도 늘어나지만, 국정이나 국제정치에 관한 기사를 싣는 《뉴욕타임스The New York Times》, 《워싱턴포스트The Washington Post》 등의 전국지를 읽는 비율은 절반 이하이다. 미국인은 기본적으로 자신이 살고 있는 지역에 관한 기사가 실려 있는 지방지만 읽는다.

젊은이들은 신문보다 TV를 즐겨 보지 않을까?

그렇지 않다. CNN 시청자의 평균 연령은 60대다.

알았다! 모두들 인터넷으로 보고 있는 거지?

그렇지 않다. 18~34세 미국인 가운데 인터넷으로 시사 뉴스를 보는 사람은 고작 11퍼센트에 불과하다.

주류 언론과 지식인들은 부시 행정부의 잘못을 쉴 새 없이 비판하고 있지만, 일반 사람들에게는 강 건너 불구경일 뿐이다.

"미국의 지식인 계급과 대중 사이에 거대하고 불건전한 단절이 자리하고 있다는 사실이 명백해졌다." 《타임Time》지에 이 기사가 실린 것은 최근이 아니라 50년도 더 전인 1952년이다. 사실 이러한 상황은 이제 막 시작된 것이 아니다. 1972년 언론과 지식인, 대학생들의 격렬한 반대운동에도 불구하고 닉슨이 재선에 성공했을 때도 같은 얘기가 나왔다. 미국은 항상 이런 식이다.

미국인은 단지 무지한 것이 아니다. 그 밑바닥에는 "모르는 게 약"이라는 사상과 반지성주의가 자리 잡고 있다. 1966년 출간된 명저 《미국의 반지성주의Anti-Intellectualism in America》에서, 역사학자 리처드 호프스태터Richard Hofstadter는 미국인이 지식에 반감을 가지고 있는 원인 중 하나로 기독교 복음주의를 들었다. 복음주의란 복음, 즉 성서의 한 글자, 한 구절을 곧이곧대로 믿는 가치관(특히 과격한 경우에는 성서원리주의라고 한다)을 가리키는데, 자신이 복음주의자라고 말하는 미국인은 전체 인구의 30퍼센트를 차지한다. 그들에게 있어 지식은 쓸데없이 성서에 대한 의심만 키울 뿐이며, 무지한 사람일수록 성서에 순수하게 몸을 바친다.

중세 유럽에서는 성서를 제외한 서적에 가치를 두지 않았지만, 르네상스 이후 다양한 서적을 통해 논리적인 사고방식과 지식이 보급되면서 근대과학이 탄생했다. 그리고 그 결과 기독교 신앙은 약화되었다. 반면, 미국에서는 복음주의 단체들이 끊임없이 대규모 신앙회복운동을 일으키며 지성을 부정해 왔다. 예를 들어 복음주의 전도자 드와이트 무디Dwight L. Moody 목사는 '성서 이외의 책은 읽지 않는다'는 데 자부심을 가지고 있었다.

"미국의 성인 가운데 20퍼센트는 태양이 지구의 둘레를 돌고 있다고 믿는다."는 조사 결과(2005년 노스웨스턴 대학 존 밀러Jon D. Miller 교수)는 어찌 보면 당연하다.

복음주의자들은 원래 속세의 정치에는 그다지 관심이 없었다. 그러나 공화당은 복음주의자들이 강력한 표밭이 될 거라는 가능성에 눈을 돌렸다.

미국의 대통령 선거는 각 주에서 과반수를 차지한 후보가 주별로 선출된 '선거인단'을 모두 차지하는 방식으로 치러진다. 그렇기 때문에 2000년 선거에서는 득표수에서 앞선 고어가 부시에게 패하는 사태가 벌어졌다. 이러한 집계 방식 때문에 도시가 있는 동해안이나 서해안의 주에 비해 인구가 적은 남부나 중서부, 서부 지역의 주에서 한 표가 지니는 중요성은 더욱 클 수밖에 없다. 대부분의 복음주의자들은 시골에 살고 있기 때문에 선거에 미치는 영향력이 크다. 교회나 TV 전도를 통해 신자들을 몰래 투표에 동원하는 일도 가능하다.

1980년 대선에서 공화당은 전통적인 모럴로의 회귀를 제창하며 그들을 사로잡았고, 이후 복음주의 단체는 공화당의 강력한 지지 기반이 되었다. 2004년 대선에서 부시 행정부는 동성 간의 결혼과 낙태를 반대하며 복음주의자들의 표를 모아 재선에 성공했다. 그들에게는 전쟁이나 사상 최대의 재정 적자보다 모럴이 더욱 중요했다.

그 밖에도 미국인이 시사 문제에 무지한 원인에는 우파 언론의 횡포와 교회의 붕괴 등 여러 가지가 있다. 어쨌든 뉴스를 보지 않는 사람들, 외국에 흥미가 없는 사람들이 대통령을 결정하고, 그 대통령이 명분 없는 전쟁을 일으키고 쓰레기 같은 정책으로 경제를 붕괴시키면서 전 세계를 뒤흔들고 있는 부조리함에는 이제 웃음밖에 나오지 않는다.

미국에서는 이렇게 웃을 수밖에 없는 상황이 종교, 정치, 경제, 언론 등 다양한 분야에서 넘쳐 나고 있다. 이 책은 2006년부터 지금까지 내가 미국에서 생활하면서 보고 들은 어처구니없는 뉴스들을 모아 놓은 것이다. 웃으면서 읽어 주기를 바라지만, 만약 불쾌했다면 사과드린다.

참고로 릭 셍크먼Rick Shenkman의 책 《우리는 얼마나 바보인가?Just How Stupid Are We?》(2008)에 따르면, 자신들의 나라가 일본에 원자폭탄을 떨어뜨렸다는 사실을 알고 있는 미국인은 고작 49퍼센트밖에 되지 않는다.

일러두기

- 이 책은 《アメリカ人の半分はニューヨークの場所を知らない》(文藝春秋, 2008)를 번역한 것이다.
- 외래어의 인명과 지명 표기는 국립국어연구원의 외래어표기법 원칙에 따랐다.
- 외래어 가운데 영화명, 방송 프로그램명, 책명은 국내에 소개된 경우에는 그 명칭을 따르고 소개되지 않은 경우에는 역자가 임의로 우리말로 옮겼다. 단, 맨 처음 나올 때 원어를 병기하여 혼동을 피하였다.
- 외래어 가운데 팝송 곡명은 원어를 그대로 표기하였다.

도를
넘어선
종교

아이들이 부시를 위해
기도하는 '세뇌 캠프'

유전자와 진화
의 연구는 신을
모독하는 행위?

"나에게 소년애(少
年愛)를 가르쳐 준
사람은 신부님"

기독교 디즈니랜드의
폐허에서 눈물을
흘리다

드라이브스루
교회와
프로레슬러
전도사

이교도로부터
크리스마스를
지켜라!

"하나님, 병사들을
죽여 주셔서
감사합니다"

섹스는 절대 금지!
그래도 하겠다면
콘돔 없이 하라!

"9 · 11테러는
게이의 나라 미국에
신이 내린 벌!"

복음주의자는 자신의 아이들을 일반 학교에 보내지 않는다. 과학을 배우지 않도록 하기 위해서이다. 대신 복음주의 대학을 만들어 성서를 바탕으로 하는 교육 시스템을 운영한다. "우리 대학의 목적은 기독교인이 미국을 되찾기 위해 싸울 병사를 양성하는 것입니다."

아이들이 부시를 위해 기도하는 세뇌 캠프

입시 지옥보다 무서운 기독교 원리주의 교육

"미국은 지금 이슬람 파시스트와 전쟁 중입니다."

2006년 8월 10일, 부시 대통령은 연설 자리에서 이렇게 말했다. 기독교 복음주의자인 부시 대통령은 동성 간의 결혼과 낙태를 전면적으로 금지하는 방침을 발표하여 보수 기독교 단체의 표를 모았고, 결국 재선에 성공했다. 그러나 이 발언으로 자신도 모르게 본심을 드러내고 말았다. 오늘날 전 세계를 뒤흔들고 있는 것은 테러와의 전쟁이 아니라 기독교 원리주의와 이슬람교 원리주의 간의 종교 전쟁이다.

"파키스탄이나 팔레스타인에는 신을 위해 목숨을 내놓는 젊은이들이 많이 있습니다. 그들과 같은 '신의 전사'를 우리 기독교도 길러 내야 합니다."

부시의 연설을 들은 듯 이를 선동하는 이가 있으니, 바로 베키

피셔Becky Fischer 목사다. 그녀는 '키즈 온 파이어Kids on Fire' 라는 어린이 교육 캠프를 주최하여 6~13세 아이들을 기독교 원리주의자로 양성하고 있다. 이 캠프의 실태를 다룬 다큐멘터리 영화〈지저스 캠프Jesus Camp〉가 얼마 전 미국에서 개봉되어 논란을 일으켰다.

캠프에는 미주리와 캔자스 등 중서부에 살고 있는 기독교 원리주의자 가정의 아이들이 참가한다. 합숙소에 모인 백여 명의 아이들에게 피셔 목사가 질문한다.

"해리 포터를 알고 있나요?"

아이들에게 엄청난 인기를 끌고 있는 캐릭터와 신을 관련지어 이야기하려나 보다 생각한 순간, "해리 포터는 하나님의 적입니다!" 라고 소리를 지르기 시작했다.

"마법사는 악마의 심부름꾼입니다! 해리 포터는 죽어야 합니다!"

깜짝 놀란 아이들이 금방이라도 울음을 터뜨릴 것 같은 표정을 지었지만, 피셔는 눈 하나 깜짝하지 않는다.

"이 세상은 죄로 가득 차 있습니다! 여러분도 죄인입니다! 하나님은 모든 것을 알고 있습니다!"

여섯 살짜리가 죄를 지으면 얼마나 지었다고, 아이들은 모두 하나님에게 용서를 구하며 흐느낀다.

우선 상대방의 인격을 모조리 부정하고, 그 사람이 자포자기하여 백지 상태가 되었을 때 교리를 주입한다. 세뇌의 기본적인 테크닉이다. 입교자를 일단 정신적으로 '말살'한 후 신자로 거듭나게 한다. 종교뿐만 아니라 공산주의의 사상 개조나 군대의 신병 훈련에서도 동일한 테크닉이 사용된다. 즉 이것은 '신의 전사'를 양성하기 위한 신병 훈련과도 같다. 아무것도 모르는 아이들을 상대로 이게 할 짓인가.

그러나 피셔에게는 한 치의 망설임도 없다. 그녀는 주먹을 치켜들며 "이것은 전쟁입니다!"라고 계속해서 외친다. 그녀가 말하고 있는 것은 미국 내에서 낙태와 동성 간의 결혼, 진화론과 안락사를 둘러싸고 보수 기독교가 벌이고 있는 '문화 전쟁'이다. 피셔는 아이들을 향해 묻는다. "여러분은 아군인가요? 적군인가요?"

"미국은 청교도인이 세운 기독교의 나라인데, 지금은 불신으로 가득 찬 사람들과 이교도들이 장악하고 있습니다. 우리 기독교인들이 미국을 되찾아야 합니다."

피셔는 아이들에게 "정교분리라는 명목 하에 신으로부터 등을 돌린 자들에게 관대한 미합중국 정부를 쳐부수세요!"라고 명령한 다음 Government(정부)라는 글자가 적혀 있는 커피 잔을 쇠망치로 때려 부순다. 이어서 부시 대통령의 전신사진이 단상에 등장한다.

"부시 대통령은 하나님의 가르침에 따라 게이와 낙태, 이교도와 싸우는 성인聖人입니다. 그를 위해 기도하세요!"

부시의 사진으로 모여드는 아이들의 광신적인 눈은 마오쩌둥 어록을 달달 외우던 홍위병과 폴포트 정권의 소년병, 김일성 동상을 우러러보는 북한 어린이들의 그것이었다.

캠프에서는 하드코어 헤비메탈을 틀어 놓고, 아이들이 음악에 맞추어 춤을 추게 한다. 경건한 기독교에서 메탈이라고? 가사를 잘 들어 보면 '우리는 신의 전사'라든지, '사탄을 몰아내라'와 같은 내용이다. 이것은 CCM^{Contemporary Christian Music}이라 불리는 음악이다. 미소녀 아이돌과 꽃미남 그룹, 하드코어 펑크, 갱스터 랩까지 있다.

1950년대에 로큰롤이 등장했을 때 교회는 청소년을 현혹하는 악마의 음악이라며 로큰롤을 금지했지만, 지금은 오히려 젊은이들을 기독교로 끌어들이기 위한 도구로 사용하고 있다. 전미 각지를 순회하는 CCM 페스티벌에서는 거대한 공연장이 사람들로 꽉 차서 발 디딜 틈이 없을 정도다. 머리는 모히칸 컷에 얼굴에는 온통 피어싱을 하고, 온몸에 문신을 새긴 젊은이들이 격렬하게 몸을 흔드는 모습은 여느 록 페스티벌과 다를 게 없다. 단, 문신의 모양은 십자가와 성모 마리아이다.

지저스 캠프에서는 아이들의 손에 올려놓을 수 있을 만큼 조그만 아기 인형을 나누어 준다.

"이 인형은 수정된 지 70일째 된 태아입니다. 낙태는 이 아기를 죽이는 행위입니다!"

벌벌 떨던 아이들은 흐느끼며, 낙태와 싸워 나가겠다고 다짐한다.

미국에서 낙태가 합법화된 것은 일본보다 약 20년이 늦은 1973년이지만, 이에 충격을 받은 보수 기독교 단체들은 1980년대부터 낙태금지운동을 확대했고, 중절수술을 하는 산부인과 의사를 살해하거나 병원에 폭탄을 설치하는 등 테러 행위까지 서슴지 않았다. 부시 행정부는 낙태를 연방법으로 또 한 번 금지하는 방침을 발표하면서 보수 기독교 단체의 표를 모았다. 또한 2006년에는 사우스다코타 주에서 낙태를 금지하는 법안이 가결되었다. 성폭행을 당해 임신을 해도 중절수술을 받을 수 없게 된 것이다.

지저스 캠프에서 나누어 준 아기 인형은 완벽한 인간의 모습을 하고 있다. 태아는 수정 후 한 달이 지나면 어류에서 포유류로 진화하기 시작한다. 이는 진화론의 타당성을 뒷받침하는 결정적인 증거지만, 기독교 원리주의자들은 그 사실을 어떻게 받아들이고 있을까? 그들은 진화론을 전면적으로 부정한다.

복음주의자가 많은 남부의 주, 이른바 바이블 벨트Bible Belt에서는 1920년대부터 주법州法으로 공립학교에서 진화론을 가르치지 못하도록 했다. 그러나 이 법은 1960년대부터 1980년대에 걸쳐 위헌 판결을 받았고, 이후 진화론을 부정하는 원리주의자들은 아이들을 공립학교에 보내지 않는 대신 부모가 집에서 교육을 시켰다.

〈지저스 캠프〉는 이런 가정에까지 카메라를 들이대고 있다. 엄마는 아들에게 환경 문제에 대해 이렇게 가르친다.

"지구온난화는 진보주의자들이 만들어 낸 거짓말이란다." 하나님이 창조한 인간은 만물의 영장이기 때문에 자연을 전부 이용할 권리가 있다는 얘기다.

원리주의자를 위한 가정 학습용 교재도 있다. 비디오에서는 〈세서미 스트리트 Sesame Street〉에나 나올 법한 퍼핏 인형이 등장해서, "우주가 빅뱅으로 생겨났다는 말을 믿어서는 안 돼."라고 말하며 웃는다. "우주는 하나님이 7일 동안 만드신 거란다."

가정에서 학습을 시키는 100만 이상의 가구 중에서 75퍼센트가 기독교 원리주의자들이다. 고등교육을 받지 않은 부모가 아이들을 가르치고, 이러한 상황이 다음 세대까지 이어진다. 이는 미국의 일류 대학에 다니는 이과 학생 중 절반 이상을 아시아계 미국인과 아시아 유학생들이 차지하게 된 이유이기도 하다.

미국은 지금까지 세계의 과학을 선도해 왔지만, 지저스 캠프를 보고 있으면 과학의 판도가 바뀔 날도 멀지 않았다는 생각이 든다. 문명을 자랑하던 이성적인 로마제국이 쇠퇴하고, 결국 맹신이 지배하는 중세 암흑시대로 전락했듯이 말이다.

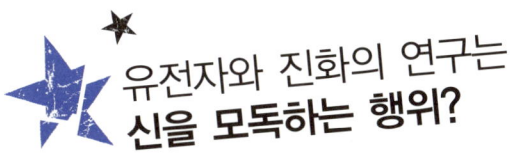

유전자와 진화의 연구는
신을 모독하는 행위?

기독교 원리주의자를 설득하는 유전학자

2006년 7월 19일, 부시 대통령은 취임 이래 처음으로 거부권을 발동했다. 배아줄기세포의 연구 범위 확대를 승인하려는 법안이 의회를 통과하자 이를 저지한 것이다.

배아줄기세포는 인체의 다양한 기관으로 무한히 증식해 나가기 때문에 손상된 세포를 재생시키기 위한 치료에 응용할 수 있다. 그렇기 때문에 파킨슨병이나 척추 손상, 백혈병, 당뇨병, 간장병 등 지금까지는 치료가 어려웠던 난치병을 극복할 수 있을 것으로 기대되었다. 그러나 배아줄기세포는 체외수정에서 사용되지 않은 수정란을 '파괴'하여 만들기 때문에 수정란을 생명으로 간주하는 사람들, 특히 보수 기독교 단체들의 강력한 반대에 부딪혔다. 그 자신이 성서의 내용을 글자 그대로 믿는 '복음주의자'인 데다 복음주의자들을 지지 기반으로 삼고 있는 부시 대통령은 이전부터 배아줄기세포

연구에 대해 비판적인 입장을 견지해 왔다.

배아줄기세포뿐만이 아니다. 복음주의와 과학 간의 대립은 최근 들어 더욱 심화되고 있다. 복음주의에서는 "우주는 하나님이 7일 동안 창조했다."는 성서의 말을 그대로 믿는다. 때문에 복음주의자가 많은 주에서는 공립학교에서 다윈의 진화론을 가르치지 못하도록 법으로 금지하고 있다. 최근 실시된 조사에 따르면, 미국인의 45퍼센트, 즉 두 명 중 한 명이 진화론과 빅뱅에 의한 우주의 기원을 믿지 않는다고 한다. 이것이 바로 과거에 세계를 선도하던 과학의 나라 미국의 실태다.

이러한 가운데 "배아줄기세포 연구를 금지해서는 안 된다. 수정란의 핵을 다른 핵으로 대체하면 윤리적인 문제는 없어질 것이다."라며 복음주의자들을 설득하고 있는 과학자 겸 종교가가 있다. 인간 게놈프로젝트 HGP의 대표 프랜시스 콜린스 Francis S. Collins 박사다. 그는 DNA 설계도인 게놈을 해독하는, 그야말로 신의 영역을 침범하는 프로젝트를 주도하면서, 경건한 복음주의자로서 자신의 신앙을 고백한 《신의 언어: 과학자에 의한 신앙의 증거 The Language of God: A Scientist Presents Evidence for Belief》를 썼다.

콜린스는 과거에 신보다는 과학을 믿는 의학자였지만, 스물일곱 살 때 병원에 근무하면서 시한부 선고를 받은 환자들의 마음을 치유할 수 있는 것은 과학이 아니라는 사실을 깨달았다.

'과학으로는 인간이 살아가는 의미를 설명할 수 없어.'

말기 환자들은 종교에 구원을 기대했다. 한편으로 의심하면서도 기독교인들과 깊은 대화를 나누던 콜린스는 캐스케이드 국립공원에서 하이킹을 하던 중 아름다운 대자연에 둘러싸인 채 창조주의 존재를 확신했다. 그는 온몸을 관통하는 감동을 견디지 못하고 그 자리에 주저앉아 버렸다. "나는 신에게 항복하고 말았다."

그 후 콜린스 박사는 기타를 치고 찬송가를 부르면서, 할리데이비슨을 타고 각지를 돌아다니며 젊은 복음주의자들을 과학의 길로 인도하고 있다.

"진화와 유전 시스템이야말로 하나님의 위대한 업적입니다. 이를 연구하는 것은 신을 모독하는 행위가 아니라 탐구하는 행위입니다."

본래 근대과학은 하나님이 창조한 세계를 깨우치고 싶다는 신앙심에서 비롯되었다. 케플러나 뉴턴, 파스칼도 과학자이자 신학자였다. 그렇기 때문에 콜린스 박사는 괴짜가 아니라 가장 과학자다운 과학자라고 말할 수 있다.

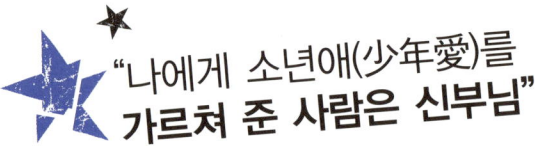

〈딜리버 어스 프럼 이블 Deliver Us from Evil〉이라는 영화가 개봉되었다. 유아에게 성적 학대를 가한 혐의로 체포된 신부에 관한 다큐멘터리이다. 1970년대부터 1980년대에 걸쳐 캘리포니아 주의 한 교회에 파견 나가 있던 로마가톨릭 신부 올리버 오그래디 Oliver O'Grady는 교회 신자의 다섯 살 난 딸아이를 강간했다. 그리고 생후 6개월밖에 되지 않은 남자아이를 성희롱하는 등 성별에 관계없이 유아들을 차례차례 덮쳤다.

이 영화에서 놀라운 부분은 로마가톨릭교회의 대응이다. 그들은 피해자 부모들의 주장을 부인하고 사건을 교묘하게 은폐했다. 또한 오그래디 신부를 면직시키지도 않은 데다 그가 문제를 일으킬 때마다 다른 교구로 이동시켜, 그가 체포되기까지 20년 넘게 피해를 확산시켰다.

2004년이 되어서야 비로소 가톨릭교회는 성직자들이 미성년자들에게 성적 학대를 가했다는 사실을 인정했다. 피해자는 1950년부터 1954년까지 약 1만 2000명(이 가운데 80퍼센트가 소년), 가해자인 신부는 5000명이 넘는다. 2004년 1년 동안에만 1000명 이상이 피해를 호소했고, 이것은 바티칸을 뒤흔드는 엄청난 문제로 발전했다.

현재 가톨릭교회는 경찰의 협조를 얻어 신부들의 소행을 철저하게 조사하고 있다. 피해 보고 건수는 조금씩 줄어들고 있지만, 피해자 구제 네트워크는 "대부분의 피해자는 트라우마(정신적 외상) 때문에 입을 다물어 버렸고, 실제 피해 건수는 보고 건수보다 훨씬 많을 것이다."라고 말한다. 게다가 학대 피해자는 결국 가해자가 된다.

2006년 9월 29일, 공화당 하원의원 마크 폴리 Mark Adam Foley는 열여섯 살 소년에게 외설적인 이메일을 보낸 사실을 인정하고 사임했다. 소년은 전미에서 선발되어 워싱턴에 있는 기숙사에서 지내면서 의원들을 돕는 고교생 사환 가운데 한 명이었다. 폴리는 소년에게 "사진을 보여 달라."고 이메일을 썼을 뿐만 아니라, "다른 사환의 사진을 보고 자전거로 25마일이나 달렸다."는 내용도 적었다. 자위를 했다는 뜻이다.

폴리가 적어도 두 명의 사환과 성관계를 가졌다는 사실이 조사에서 밝혀졌다(그 둘은 18세가 넘었기 때문에 형법상의 문제는 없었다).

폴리는 "내가 이렇게 된 것은 소년기에 가톨릭 신부에게 성희롱을 당했기 때문이다."라고 변명했다. 미국에는 무엇이든 성적 트라우마의 탓으로 돌리며 죄를 가볍게 하려는 범죄자가 많기 때문에 사람들은 거짓이라고 생각했지만, 폴리를 성희롱했던 신부가 사실을 인정했다. 마르타 섬에 은거 중인 앤서니 머시카^{Anthony Mercieca} 신부가 당시 열두 살이던 폴리와 성관계를 가졌다고 고백한 것이다.

"강간이 아니야. 그 아이는 싫다고 하지 않았어. 즐기고 있었다고. 왜 이제 와서 나를 탓하는 거지?" 예순아홉의 머시카는 자신의 행위가 폴리에게 '계승'된 것에 대해 전혀 책임을 느끼지 않았다.

사실 폴리는 2002년에도 열일곱 살짜리 사환에게 오럴 섹스를 요구하는 이메일을 보내고, 술에 취해 한밤중에 사환 기숙사에 침입하려 하는 등 몇 번이나 문제를 일으켰다. 하지만 공화당은 이를 계속해서 은폐했다. 폴리에 대한 추문들이 드러나면서 은폐에 가담했던 두 명의 공화당 의원이 인책 사임했다. 이 사건은 그해 11월에 있었던 중간선거에도 적지 않은 영향을 미쳤을 것이다.

낮에는 기독교의 가르침을 설파하는 신부가 밤에는 아이들을 덮치고, 교회는 이를 은폐하려 한다. 낮에는 기독교의 이념을 소리 높여 외치는 공화당 의원이 밤에는 소년들을 갈구하고, 당은 한패가 되어 이를 은폐하려 한다. 도대체 누가 우리를 악으로부터 구원해 줄 것인가.

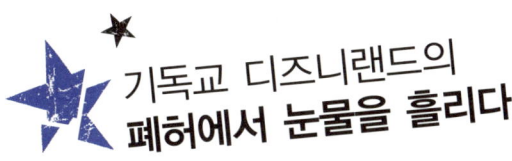

기독교 디즈니랜드의
폐허에서 눈물을 흘리다

사상 최대의 종교 사기꾼 아들은 펑크 목사

〈하나님 아래 펑크One Punk under God〉는 온몸 가득 문신과 피어싱을 하고 있는 펑크 목사 제이 베커Jay Bakker에 관한 다큐멘터리이다. 제이는 '레볼루션Revolution'이라는 기독교 단체의 주재자이지만, 자신의 교회가 없기 때문에 애틀랜타의 싸구려 술집에서 술주정뱅이와 마약 중독자를 상대로 하나님의 교리를 설파한다.

여기서 그친다면 그냥 괴짜 종교가에 불과하겠지만, 문제는 제이가 미국 사상 최대의 종교 사기꾼의 아들이라는 점에 있다. 제이의 부모 짐 베커Jim Bakker와 타미 페이Tammy Faye Messner는 여러 교회를 돌면서 성서의 이야기를 인형극으로 만들어 아이들 앞에서 공연하는 광대 부부였다. 그런데 1970년대 초에 TV 전도사 팻 로버트슨Pat Robertson이 운영하는 복음주의 기독교 방송국 CBN에 출연자로 발탁되면서 운명이 바뀌었다. 원숭이 분장을 한 짐이 열광적으로 그리스도를 찬양하면, 너구리 분장을 한 타미가 감격에 겨운 목소리로 "오, 하나님!"이라고 부르짖으며 마스카라가 섞인 검정색 눈물을 줄줄 흘린다. 이 별난 부부의 모습은 선풍적인 인기를 모았다.

1974년 짐은 독자적으로 복음주의 방송국 PTL^{Praise The Lord}을 설립했다. TV 전도는 교회보다 훨씬 많은 돈을 벌 수 있다. "지금 당장 여기로 전화하세요. 헌금은 신용카드로도 받습니다."라고 말하면, 전국의 시청자들로부터 돈을 모을 수 있기 때문이다. 짐은 눈 깜짝할 사이에 1억 6000만 달러에 달하는 헌금을 모았다. PTL은 일본 TV에서도 방송된 바 있다.

짐은 사우스캐롤라이나 주에 디즈니랜드보다 넓은 땅을 구입하고, '헤리티지(약속의 땅) USA'라는 기독교 테마파크를 만들었다. 미키마우스 대신 십자가에 매달린 그리스도 상으로 장식한 놀이동산이다. 1985년 개장 후 1년 동안 600만 명에 달하는 전미의 선남선녀가 방문하여 풀장과 거대한 슬라이드를 즐겼다. 1000달러가 넘는 평생회원권이 수십만 장이나 팔렸다. 부지 내에는 짐이 거주하는 성까지 지어져, 그야말로 베커의 왕국이라 부를 만했다. 제이도 그곳에서 자랐다.

그러나 1987년 짐의 정부^{情婦}가 입막음의 대가로 27만 9000달러나 받아 놓고도 모든 비리를 폭로하는 바람에 왕국은 붕괴되기 시작했다. 내부 고발로 국세청이 조사에 나섰고, 체포된 짐은 사기를 비롯해 스물네 가지 혐의로 징역 45년을 선고받았다. 타미는 짐과 이혼한 뒤 헤리티지 USA를 건축한 회사의 사장과 재혼했지만, 재혼 상대 또한 위장 도산 혐의로 체포되었다.

부모를 향한 세상의 증오와 비웃음 속에서 십 대를 보낸 제이는 학교를 자퇴하고, 마약과 술에 취해 이런저런 직업을 전전했다. 그러다가 마지막에 도착한 곳은 역시 기독교였다. PTL은 1300만 가구가 시청하고 있지만, 술집에서 제이의 설교를 듣는 신자는 고작해야 열다섯 명. 세상은 여전히 베커를 믿지 않았다. 라디오 인터뷰에서 "당신의 부모는 위선과 부패의 상징입니다."라는 말을 들은 제이는 "그래요. 그래서 베커라는 이름으로는 기부금을 모을 수가 없어요."라고 대답했다.

짐은 아직도 건재하다. 1994년 보석으로 풀려난 짐 베커는《내가 틀렸습니다 I Was Wrong》라는 제목의 참회록을 출간하고, 재혼한 아내와 함께 복음주의 방송국을 근근이 꾸려 가고 있다.

모럴을 중시하는 기독교 우파인 부모와 달리, 하나님은 무조건적으로 모든 이들을 사랑한다고 제이는 주장한다. 게이나 마약 중독자, 종교 사기꾼이라 해도 말이다. 〈하나님 아래 펑크〉에서 제이는 자신이 자란 헤리티지 USA의 빈터를 방문한다. 베커의 왕국은 폐허로 변해 있었고, 플라스틱 그리스도 상은 흉하게 부서져 있었다. 그 한 많은 유산 앞에서 제이는 넋이 나간 듯 계속 서 있을 뿐이었다.

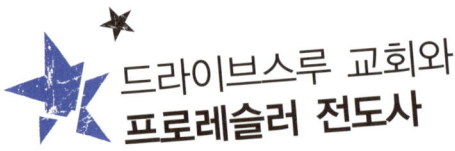

드라이브스루 교회와 프로레슬러 전도사

하원의장의 딸, 바이블 벨트를 탐험하다

최초의 여성 연방 하원의장 낸시 펠로시Nancy Pelosi의 딸 알렉산드라Alexandra Pelosi는 달랑 비디오카메라 한 대를 들고 현장으로 돌격하는 다큐멘터리 영화감독이다. 그녀는 2000년 대선 당시 부시의 선거운동을 따라다니며 찍은 〈부시와의 여행Journeys with George〉으로 유명해졌다. 신작 〈하나님의 친구들: 알렉산드라 펠로시의 자동차 여행Friends of God: A Road Trip with Alexandra Pelosi〉에서는 바이블 벨트를 '탐험'한다.

'바이블 벨트'란 미국 남부에서 서부에 걸쳐 있는 기독교 신앙이 두터운 지역을 가리킨다. 알렉산드라는 도요타 핸들을 잡고 미국을 횡단하며, 미국인이 운영하는 수많은 교회들을 방문한다. 자동차를 탄 채 예배를 볼 수 있는 '드라이브스루 교회', 핫케이크를 먹으면서 기도하는 '패밀리레스토랑 교회', 햄버거 가게 주차장에 튠업한 미국 차가 잔뜩 모이는 '핫로드 교회', 양쪽으로 갈라진 홍해와

골고다 언덕에서 퍼팅을 하는 '미니어처 골프 교회', '카우보이 교회', '스케이트보드 교회', 그리고 디즈니 월드 근처에는 성서 놀이 공원 '홀리랜드'가 있다.

전도사도 미국인이다. "그리스도를 파티에 초대합시다. 물로 와인을 만들어 줄 테니까요."라고 시시한 미국식 농담을 던지는 '코미디언 전도사', 보스턴 크랩(레슬링 기술의 하나로, 일명 새우꺾기—옮긴이)을 당하면서 "그리스도가 십자가에 매달린 고통에 비하면 이 정도쯤이야!"라고 외치는 '프로레슬러 전도사', "하트브레이크는 하나님이 치료해 준다네."라고 노래하는 '엘비스 전도사'.

그러나 그저 웃고 있을 수만은 없다. 바이블 벨트의 고속도로 양쪽에 늘어선 간판에는 이런 메시지가 적혀 있다.

"성서 외에는 믿지 마라."

"진화론은 악마의 거짓말"

"낙태는 살인"

"게이는 지옥에 떨어져라."

바이블 벨트에는 '복음주의자'가 많이 거주한다. 그들은 1980년대 이후 정치적으로 급격하게 우경화하여, 온건 성향의 지역 교회를 버리고 TV 전도사 아래 통합되었다. 3000만 명의 신자를 보유한 NAE(전미복음주의협회)는 콜로라도에 2만 명을 수용할 수 있는 메가처치(초대형 교회)를 소유하고 있으며, 밴드와 레이저 광선을 이용한 예배는 록 콘서트를 방불케 한다. 게이는 성서에 반하는 것이라고 가르치는 NAE의 리더 테드 해거드Ted Haggard 목사는 "성서를 따르는 자의 성생활은 최고입니다."라고 자랑스럽게 말한다.

복음주의자는 자신의 아이들을 일반 학교에 보내지 않는다. 과학을 배우지 않도록 하기 위해서이다. 대신 복음주의 대학을 만들어 성서를 바탕으로 하는 교육 시스템을 운영한다. "우리 대학의 목적은 기독교인이 미국을 되찾기 위해 싸울 병사를 양성하는 것입니다." 복음주의 대학의 창시자인 제리 폴웰Jerry Falwell 목사는 이렇게 말한다. "우리 복음주의자는 전체 인구 중 3분의 1밖에 안 되지만 이 나라를 지배하고 있습니다." 바이블 벨트의 주에서 복음주의자는 다수파로 78퍼센트가 투표를 한다. "의회를 공화당이 지배하게 하고, 부시를 대통령으로 만든 것은 우리들입니다. 그 위대한 힘을 이번에는 힐러리에게 보여 주겠습니다." 폴웰은 자신만만했다.

다큐멘터리 상영이 끝난 뒤인, 2006년 11월 중간선거에서 공화당은 패배했다. 그 직전에 NAE의 해거드 목사가 3년 동안 콜보이와 성관계를 가진 사실이 발각되어 신자들이 환멸을 느낀 것도 공화당이 패배한 원인이라고 한다. 어지간히, '최고의 성생활'이었나 보다.

이교도로부터
크리스마스를 지켜라!

★ 종교 우파가 일으킨 크리스마스 문화 전쟁

미국에서는 "메리 크리스마스"라는 말을 잘 하지 않는다. 대신 "해피 홀리데이"라고 말한다. 우리는 기독교인이 아니어도 크리스마스를 즐기지만, 미국은 다르다. 특히 그리스도를 죽인 죄로 박해를 당해 온 유대인들에게 크리스마스는 돌아오지 않았으면 하는 날이다. 그래서 정교분리의 원칙에 따라, 관공청과 공공시설에서는 "메리 크리스마스" 대신 "해피 홀리데이"라는 인사를 권장하고 있다. 공립학교에서는 유대인과 이슬람교도 아이들을 고려해서, 교사는 크리스마스에 관한 이야기를 하지 않는다. TV와 라디오는 물론 레스토랑과 가게에서도 "홀리데이"라는 말이 무난하다.

그러나 '미국은 기독교인이 건국한 기독교의 나라'라고 믿는 보수파들은 "홀리데이"라는 말에 불만이 많다. 그들은 "크리스마스라는 말을 금지하다니, 소수파나 진보주의자들을 너무 봐주는 것 아니냐."며 분노한다. 그중에서도 보수파 뉴스 전문 채널인 폭스뉴스에서는 존 깁슨^{John Gibson}이나 빌 오라일리^{Bill O'Reilly} 같은 우파 방송인들이 미국의 전통을 되찾기 위해 '크리스마스 전쟁'을 일으켜야 한다고 시청자들을 선동한다.

대통령이 보낸 크리스마스카드에 "홀리데이"라고 적혀 있는 것도 '크리스마스 전쟁'에서는 논란이 되고 있다. 맨 처음 '크리스마스'를 '홀리데이'로 바꾼 것은 아이젠하워 대통령이라고 한다. 1950년대는 나치가 유대인을 학살한 지 얼마 되지 않은 때였다. 아이젠하워는 크리스마스에 "그리스도의 탄생뿐만 아니라 만인의 평등을 축복합시다."라고 말했다.

그로부터 50년이 흐른 지금, '크리스마스 문화 전쟁'을 강요당하고 있는 유대교 지도자들은 "우리는 크리스마스를 부정할 생각이 없다."고 말하며 유대인 박해를 피하려 한다. 그러나 재수 없게 지뢰를 밟고 만 사람도 있다.

2006년 12월 10일, 시애틀의 타코마 공항에 장식되어 있던 크리스마스트리가 철거되었다. 지역의 하시디즘(유대교 신비주의 종파) 랍비 엘라자르 보고미르스키^{Elazar Bogomilsky}가 공항 직원에게 "여기는 공공시설이니까 메노라도 있어야 하는 것 아닌가? 그렇지 않으면 소송까지 불사하겠소."라고 말한 것이 화근이었다. 메노라는 유대인이 크리스마스 대신 지내는 하누카 축제 때 장식으로 사용하는 여덟 개의 가지가 달린 촛대를 말한다. 공항 측은 종교색이 강한 메노라를 장식하는 것은 적절하지 않다고 판단하여 트리를 철거했다.

아니나 다를까 이 사건을 폭스뉴스는 집중 보도했다. 폭스는 "소수파의 오만함을 용서해서는 안 된다."며 대대적인 캠페인을 전개했다. 보고미르스키에게는 전국에서 항의 메일이 쇄도했다. 유대인 차별과 홀로코스트를 암시하는 협박 메일도 있었다. 그는 언론에서 "나는 트리를 철거하라고 요구한 적이 없소."라고 변명한 뒤 트리를 원상태로 돌려놓도록 공항 측에 요청했다.

이 논쟁은 매우 왜곡되어 있다. 원래 크리스마스트리는 크리스마스와 아무런 관계가 없기 때문이다.

그리스도가 태어난 이스라엘에는 전나무가 존재하지 않는다. 트리는 본래 북유럽 게르만 민족의 겨울 축제 '율'에 장식되던 것이다. 율을 맞아 게르만 민족은 겨울이 가고 초목이 싹트는 봄을 기다리며, 한겨울에도 푸르름을 잃지 않는 침엽수를 생명의 상징으로 삼았다. 그렇기 때문에 영국에서 미국으로 건너온 청교도인들은 트리가 뭔지도 몰랐다. 트리는 독일 이민자들에 의해 미국으로 전해졌지만, 처음에 청교도인은 트리를 이교도의 것이라며 금지했다.

뿐만 아니라 그리스도의 생일이 정확히 언제인지는 아무도 모른다. 고대 로마인들은 기독교를 도입했을 때, 태양신 미트라스를 기리는 날인 동지^{冬至}를 그리스도의 생일로 정했다. 여기서도 만물이

소생하는 계절과 예수 그리스도의 생일이 함께 등장한다.

산타클로스 또한 네덜란드 이민자들에 의해 미국으로 전해졌지만, 하얀 장식이 달린 새빨간 의상은 1930년대에 미국에서 만들어진 후 코카콜라 광고를 통해 사람들에게 알려지기 시작했다. 즉 빨간색과 하얀색은 코카콜라를 상징하는 색깔이다.

한편 유대인들의 축제인 하누카는 기원전에 유대인이 정복자인 시리아로부터 이스라엘을 탈환한 이야기에서 비롯되었지만, 100년 전 미국에 이민 온 유대인들은 하누카를 대수롭지 않게 여겼다. 그러다가 2차 세계대전 후 백화점들의 대대적인 캠페인에 의해 크리스마스가 큰 이벤트가 되자, 선물을 받지 못하는 유대인 아이들이 불쌍하다며 하누카를 크리스마스 대신 즐기기 시작했다.

이렇듯 크리스마스와 하누카 모두 이교와 상업주의의 산물로서, 역사가 100년도 되지 않는 축제다. 크리스마스 전쟁을 부채질하는 바보들은 하나님도 그리스도도 믿지 않던 존 레논이 〈Happy Xmas〉를 노래하며 무엇을 말하려고 했는지 떠올려 보아야 할 것이다.

"전쟁은 사라질 것이다. 당신이 원하기만 한다면."

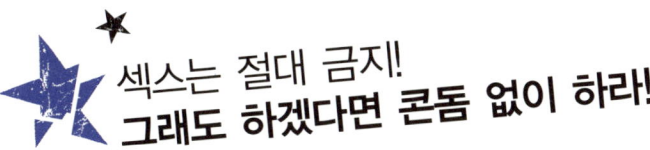

섹스는 절대 금지!
그래도 하겠다면 콘돔 없이 하라!

"♪진정한 사랑이라면 기다릴 거야.

기다릴 수 없다면 그건 사랑이 아니야."

무대에서 밴드가 연주하는 파워팝에 맞추어 객석을 가득 메운 십대들이 열광적으로 춤을 춘다. 언뜻 보면 록 콘서트 같지만, 가사를 잘 들어 보면 단순히 사랑을 노래하고 있지 않다.

"♪결혼하는 순간까지 우리는 순결을 지킬 거야.

신에게 맹세해."

이것은 십 대 소년 소녀 들에게 혼전 순결을 지키도록 가르치는 절대금욕교육 행사 '실버 링 싱Silver Ring Thing'의 한 장면이다. 이 행사에 참가한 젊은이들은 순결을 맹세하는 증표로 은반지를 낀다. 은반지는 결혼식에서 배우자와 반지를 교환할 때까지 절대 손가락에서 빼지 않는다.

이와 같은 행사가 전미 각지에서 열리고 있다. '절대금욕교육'이 란 결혼하는 순간까지 단 한 번의 성관계도 갖지 않도록 가르치는 성교육으로, 미 정부는 되도록 많은 공립학교가 이 교육을 도입하도 록 촉구하고 있다.

"금욕은 가장 효과적인 성교육이다."

이렇게 선언한 부시 대통령은 취임 후 8억 달러에 달하는 연방예 산을 절대금욕교육 기금에 쏟아부었다. 정부 조성금은 각 주의 공립 학교에서 절대금욕교육 수업을 진행하는 지도원의 보수와 교재비로 쓰였다. 2007년에는 전국의 공립학교 가운데 30퍼센트 이상이 절 대금욕교육을 실시했고, 그 수는 점점 늘어나고 있다.

정부 발표에 따르면, 십 대 출산율은 1991년에서 2000년 사이 에 27퍼센트 감소했고, 임신율은 1991년에서 2003년 사이에 33퍼 센트 줄어들었다. 이 극적인 개선이 절대금욕교육의 놀라운 성과라 고 했다. 이 소식은 자녀가 있는 부모 입장에서 보면 무척 반가운 것 이다. 그런데 좀 더 자세히 들여다보면, 절대금욕교육은 세 가지 큰 문제를 안고 있다.

첫 번째는 수업 내용에 과학적인 오류와 왜곡이 있다는 점, 두 번 째는 이 교육이 실제로는 임신의 감소에 아무런 영향을 미치지 않았 다는 점, 그리고 세 번째는 교육의 목적이 임신과 성병의 예방이 아 니라 정치적, 종교적인 것에 있다는 점이다.

'절대금욕교육'은 Abstinence-Only를 번역한 말이다. 이 외에 '금욕 플러스Abstinence-Plus'라는 성교육도 있다. 기본적으로는 성관계를 갖지 않도록 가르치지만 만일의 상황에 대비해서 피임 방법까지 교육하는 것으로, 약 40퍼센트의 공립학교가 금욕 플러스를 채택하고 있다. 피임 방법을 가르치는 비율이 높아지면서, 이 교육 방법은 포괄적 성교육Comprehensive Sex Education으로 불리기 시작했다. 포괄적 성교육을 채택한 학교는 전국 평균 20퍼센트 정도이며, 보수적인 남부에서는 거의 제로에 가깝다.

과거에는 포괄적 성교육이 주류였다. 특히 에이즈 공포가 엄습했던 1980년대에는 미국의 공립학교에서 '세이프 섹스'를 가르쳤고, 학생들에게 모형을 가지고 콘돔을 사용해 보도록 실습을 시켰을 뿐만 아니라 무료로 콘돔을 나누어 주기까지 했다.

"지금 미성년자에게 섹스를 하라고 부추기는 건가?"

전통적 모럴을 견지하는 사람들, 특히 미국 국민의 30퍼센트 이상을 차지하는 복음주의자들 또는 기독교 원리주의자들은 포괄적 성교육에 강력히 반발했다. 그리고 복음주의자가 다수를 이루는 남부 침례교회에서는 절대금욕교육을 시작했다. "절대"라는 말이 붙은 만큼 피임 방법은 일절 가르치지 않는다.

절대금욕교육 지도원 네트워크 '혼전금욕 정보센터'의 소장인 레슬리 언루Leslee Unruh는 그 이유를 다음과 같이 설명한다.

"임신과 성병을 예방하는 방법이 있다는 사실을 알면, 아이들은 쉽게 섹스를 해 버리기 때문입니다."

1980년대에 교회 내에서만 실시되던 절대금욕교육은 1990년대에 들어와 공립학교로 확산되기 시작했다. 그 무렵 미국의 미성년자 출산율은 절정에 달해 있었다. 1990년대 초 미국에서는 15~19세 소녀의 8.4퍼센트, 다시 말해 약 열 명 중 한 명의 소녀가 엄마가 되었다. 미국의 미성년자 출산율은 러시아에 이어 선진국 중 2위에 올랐다(3위 이하는 모두 동유럽권).

사람들은 "미국 사회의 위기"라고 말했다. 십 대 엄마는 학교 교육을 받지 못하는 경우가 많기 때문에 낮은 수입과 빈곤에 시달리다 결국 노숙자가 되고, 대부분이 생활보호를 받는다. 또한 십 대 미혼모의 자녀들은 비행률과 범죄율이 매우 높은 데다 그 아이들이 또다시 십 대에 임신하여 빈곤의 악순환을 낳는다.

십 대의 임신을 줄이는 일은 국가적인 사명이었다. 절대금욕교육은 대증요법적인 포괄적 성교육을 대신하는 근본적인 해결책으로 주목을 받았다. 어쨌든 성관계를 갖지 않으면 임신할 일도 없고 성병에 걸릴 일도 없다는 것이다.

더욱이 1994년 공화당이 상·하원을 모두 장악했다. 복음주의 단체를 지지 기반으로 끌어들여 승리를 거둔 공화당은, 복음주의자들이 원하는 대로 공립학교에 절대금욕교육을 도입하기 위해 정부가 원조금을 지급하는 법안을 의회에서 통과시켰다. 정부가 규정하는 '금욕교육'은 다음과 같다.

- 성관계를 자제함으로써 실현할 수 있는 사회적, 심리적, 위생적인 이익만을 가르친다.
- 학생에게 기대되는 기준으로서, 혼외정사를 자제하도록 가르친다.
- 혼전 임신과 성병을 예방하는 유일하고 확실한 방법은 금욕이라고 가르친다.
- 성관계는 정숙한 일부일처의 혼인관계에서 하는 것이 바람직하다고 가르친다.
- 혼외정사로 인해 심리적, 육체적으로 상처를 받는 예가 많다는 사실을 가르친다.
- 혼외정사로 아이를 낳는 일은 아이와 부모, 그리고 사회에까지 나쁜 결과를 가져온다고 가르친다.
- 성관계를 거절하는 방법을 가르치고, 술과 마약이 거절하기 어렵게 만든다는 점을 가르친다.
- 성관계를 갖지 않음으로써 자존심을 지키는 일이 얼마나 소중한지 가르친다.

금욕교육 수업과 교재가 이 가이드라인을 따르지 않는 경우에는 원조금을 받을 수 없다.

첫 번째 규정 "성관계를 자제함으로써 실현할 수 있는 사회적, 심리적, 위생적인 이익만을 가르친다."는 문장에 주목하기 바란다. 이는 피임 방법을 가르쳐서는 안 된다는 의미이다. 이로써 당시 콘돔의 사용을 주장하던 국제가족계획연맹IPPF 미국 지부 등의 단체는 정부로부터 더 이상 지원을 받지 못하게 되었다. 금욕교육의 지도자도 예외는 아니었다. 예를 들어 아칸소 대학의 마이클 영Michael Young 박사의 교육 프로그램은 피임 방법을 포함하고 있기 때문에 절대금욕이 아닌 것으로 간주되어 원조금 대상에서 제외되었다.

가이드라인에 따른 금욕교육 프로그램은 100퍼센트 기독교 단체가 제공한다. 예를 들어 대규모 절대금욕교육단체 트루 러브 웨이츠True Love Waits는 라이프웨이 크리스천 리소스Life Way Christian Resources라는 남부의 침례교 단체가 운영하고 있다. 이러한 단체가 각 주 공립학교에 지도원을 파견하고 교재를 판매한다. 연방기금은 여기에 사용된다. 물론 지도원은 목사 또는 기독교 운동가다.

학교 교실에서 하나님과 그리스도에 관해 이야기하는 것은 헌법에 명시된 정교분리에 반하지만, 엄격하게 지켜지지 않는 가운데 종종 기독교 교리를 가르친다. 하나님 앞에서 순결을 맹세하는 실버 링 싱 또한 금욕교육단체로서 연방으로부터 100만 달러의 원조금을 받고 있다.

"이 상황은 뭔가 잘못되었어."

열다섯 살 여고생 쉘비 녹스Shelby Knox도 이렇게 생각하는 사람 중 하나였다.

2001년 텍사스 주 러벅이라는 작은 마을에 쉘비 녹스라는 고교 1년생이 살고 있었다. 부모님은 모두 백인에 남부 침례교도. 공화당원인 아버지는 9·11테러 이후 매일같이 성조기 넥타이를 매고 다니는 애국자이다. 쉘비도 신앙심이 두터운 크리스천으로서 순결을 맹세하는 은반지를 끼고 다닌다.

트루 러브 웨이츠에서 파견된 에드 에인스워스Ed Ainsworth 목사는 러벅을 포함하여 텍사스 주에 있는 200개 고등학교에서 성교육을 실시한다. 그는 가이드라인에 따라 섹스의 공포를 가르친다. "콘돔을 사용해도 피임에 실패할 수 있습니다. 그런 위험을 무릅쓸 건가요?"

그러나 쉘비가 다니는 학교에서는 여학생들의 임신 문제가 끊이지 않았다. 러벅의 십 대 출산율은 전국 평균을 웃돌았다. 걱정이 된 쉘비가 조사를 해 보았더니, 임신한 여학생들은 전혀 피임을 하지 않았다. 절대금욕교육에서 피임은 아무런 도움이 되지 않는다고 가르쳤기 때문이다. 그뿐만이 아니다. 에인스워스는 낙태는 살인이라고 가르쳤다. 아이를 낳는 것 외에 선택의 여지가 없었던 소녀들은 진학은 물론 자신의 인생마저 포기했다.

친구들을 구해야 한다고 생각한 쉘비는 다른 학생들을 설득하여, 만일의 경우에 대비해서 피임 방법을 가르치도록 교육위원회에 요청하는 운동을 벌이기 시작했다.

쉘비는 지역 라디오나 신문을 통해 피임 교육의 필요성을 적극적으로 호소했다. 게이 학생과도 손을 잡은 쉘비에게, 신앙심이 두터운 마을 사람들은 "지옥에 떨어질 거다."라며 욕설을 퍼부었다. 처음에는 딸로 인해 난처한 입장에 처했던 보수적인 부모님도 조금씩 쉘비를 응원하기 시작했다. 하지만 피임 교육의 도입은 러벅 시 교육위원회에서 부결되었다.

쉘비의 분투를 기록한 다큐멘터리 영화 〈쉘비 녹스의 성교육: 섹스, 거짓말, 그리고 교육The Education of Shelby Knox〉은 2005년 4월 PBS(공영방송)에서 방영되어 큰 화제를 불러일으켰다. 사람들은 절대금욕교육의 실태를 깨닫기 시작했다.

2004년 12월, 민주당의 헨리 왁스먼Henry Waxman 하원의원은 전미 25개 주의 공립학교에서 실시하는 절대금욕교육의 교재 13종을 조사한 결과, 9종의 교재에서 과학적인 오류가 발견되었다고 발표했다. 이를테면 "HIV는 눈물이나 땀을 통해서도 감염된다", "성기에 닿는 것만으로 임신할 가능성이 있다", "수정 후 43일째가 되면 태아는 사고능력을 갖게 된다", "콘돔의 실패율은 31퍼센트나 된다" 등등이다.

에드 에인스워스도 "콘돔의 실패율은 15퍼센트"라고 가르쳤다. 실제로 콘돔을 올바르게 사용한 경우에는 실패율(콘돔에 구멍이 난 경우 등의 사고)이 3퍼센트도 되지 않는다. 15퍼센트 이상의 실패는 올바르게 사용하지 않은 경우이다. 콘돔의 사용 방법을 가르치지 않는 절대금욕교육만을 받고 있는 사람일수록 실패율이 높다는 얘기다.

이러한 오류는 '섹스의 공포'를 강조하며, 아이들을 두려움에 떨게 하기 위한 과장과 왜곡에서 비롯된다. 대부분의 지도원은 의학 전문가가 아니라 종교가다. 그들은 교재를 믿고 가르칠 뿐이다. 과연 이러한 교육을 올바른 성교육이라고 말할 수 있을까?

2005년 3월 필라델피아에서 열린 성병예방회의에서는 '순결 서약'을 한 젊은이들의 경우, 서약을 지키기 위해 성기 삽입 이외의 섹스, 즉 오럴 섹스나 애널 섹스를 하는 빈도가 높다는 연구 결과가 발표되었다.

컬럼비아 대학의 피터 베어만Peter Bearman 박사와 예일 대학의 한나 브루크너Hannah Bruckner 박사가 1만 2000명의 학생들을 대상으로 조사한 결과, 순결 서약을 한 학생은 그렇지 않은 학생보다 오럴 섹스를 경험한 비율이 여섯 배나 높았다. 순결 서약을 한 남학생의 경우에는 애널 섹스를 경험한 비율이 서약을 하지 않은 학생보다 네 배나 높았다. 정액을 마시거나 항문에 삽입하는 행위 등으로 인한 에이즈 감염률은 질내 사정보다 높다. 절대금욕교육에서는 섹스의 금지만 강조할 뿐 의학적인 사실을 세부적으로 가르칠 의무는 없다. 그러다 보니 아이들에게 오럴이나 애널은 '섹스'가 아니니까 괜찮다는 잘못된 생각을 갖게 하는 것이다.

이 조사에서는 순결 서약을 한 학생이 서약을 깨고 섹스를 할 때 콘돔을 사용하지 않는 비율이, 서약을 하지 않은 학생보다 30퍼센트나 높다는 사실도 밝혀졌다. 절대금욕교육에서 콘돔은 아무런 도움이 되지 않는다고 배웠기 때문이다. 이래서는 오히려 역효과만 가져올 뿐이다.

게다가 베어만 박사에 따르면, 금욕 서약을 하고부터 서약을 깨기까지의 기간은 평균 18개월이고, 서약을 깨는 비율은 88퍼센트가 넘는다고 한다.

"그래도 공립학교에서 절대금욕교육을 실시하고 나서부터 십 대 임신율이 줄어든 것은 사실 아닌가."라고 절대금욕교육파는 주장한다. 하지만 《아메리칸 저널 오브 퍼블릭 헬스 American Journal of Public Health》 2007년 1월호를 보면 미성년자의 임신율이 줄어든 원인이 과연 금욕교육의 성공에 있는지 면밀하게 검증한 결과가 게재되어 있는데, 그것은 절대금욕교육을 본질적으로 부정하는 것이었다. 뉴욕 거트마처 연구소의 존 산텔리 John S. Santelli 박사 팀은 1995년부터

2002년까지 15~19세 소녀들을 대상으로 '임신하지 않은 이유가 금욕 때문인지, 피임 때문인지'를 조사했다. 그 결과 피임으로 임신하지 않은 비율은 86퍼센트, 금욕을 해서 임신하지 않은 비율은 고작 14퍼센트로 나타났다. 결국 십 대가 섹스를 경험한 비율 자체는 거의 줄어들지 않았던 것이다.

콘돔 사용을 권장하는 단체는 정부 자금도 끊긴 데다 공립학교에서도 배척당했지만, 십 대 잡지나 음악 전문 케이블 채널 MTV, 인터넷 등을 통해 계속해서 캠페인 광고를 내보냈다. 그 성과 때문인지, 절대금욕교육의 반反 콘돔 프로파간다에도 불구하고 전보다 많은 젊은이들이 콘돔을 사용하게 되었다.

콘돔의 효과를 믿는 캘리포니아 주의 한 공립학교는 일찍부터 연방이 내미는 절대금욕교육 기금을 거절했고, 2006년에는 메인 주가 여기에 동참했다. 뉴멕시코 주도 고등학교에서 포괄적 성교육을 실시하기로 결정했다.

그런데 과학적인 사실과 조사 결과를 부정하면서까지 절대금욕교육파가 콘돔을 증오하는 이유는 과연 무엇일까?

미국에서 콘돔이 일반화된 것은 2차 세계대전이 끝난 뒤였는데, 이때부터 기독교 교회는 피임 방법을 보급하는 일에 강력히 반대했다. 청교도의 나라인 미국에서는 결혼하는 순간까지 순결을 지키고, 결혼한 후에도 임신을 목적으로 할 때 외에는 섹스를 하지 않는 신성한 생활을 이상으로 여겼다. 그 이상을 지키는 과정에서, 임신과 성병에 대한 공포는 혼외정사를 금지하는 최적의 도구였다.

그러나 콘돔의 등장으로 공포는 사라져 버렸다. 이것은 1960년대 섹스 혁명과 자유연애로 이어졌다. 또한 피임 기술이 발달하면서 '아이를 낳는 도구'에서 해방되어 '아이를 낳는 주체'가 된 여성들은 고용차별 철폐, 낙태 합법화를 실현시켰다. 지금도 포커스 온 더 패밀리Focus on the Family 나 컨선드 우먼 오브 아메리카Conserned Women of America와 같은 복음주의 계열의 낙태 반대 단체들은, 콘돔이야말로 섹스의 범람을 조장하고 미국의 청교도주의를 타락시키는 판도라의 상자를 연 원흉이라고 주장한다.

2005년 9월, CBS TV의 시사 프로그램 〈60분60Minutes〉에서 절대 금욕교육을 화제로 다루었다. 리포터인 에드워드 브래들리Edward R. Bradley가 '실버 링 싱'의 설립자 데니 패틴Denny Pattyn 목사에게 "아무리 막아도 섹스를 하려는 아이들이 있다면 콘돔을 사용하게 할 건가요?"라고 물었다.

패틴이 대답했다. "나에게도 열여섯 살짜리 딸이 있지만, 그 애가 섹스를 한다고 해도 콘돔은 사용하지 못하게 할 겁니다."

그에게는 아이들이 임신을 하거나 성병에 감염되는 것보다 콘돔을 사용하지 않는 것이 더 중요한가?

브래들리가 패틴에게 묻는다. "당신들이 궁극적으로 지향하는 것은 뭐죠?"

"문화의 전환이지요." 그는 단언한다. "옛날처럼 올바른 사회로 돌아가는 겁니다."

실제로 금욕교육은 미국이 둘로 나뉘어 싸우는 문화 전쟁 가운데 하나에 불과하다.

보수 기독교는 연방법에 의한 '낙태 전면 금지, 동성 간의 결혼 금지, 진화론 교육의 금지'를 요구하며, 적극적인 정치 활동을 전개하고 있다. 2005년 사우스다코타 주에서 낙태 금지가 결의된 바 있는데, 이때 로비 활동을 한 사람이 '혼전금욕 정보센터'의 소장인 레슬리 언루였다. 금욕교육에서는 낙태를 한 여성의 죄책감은 사라지지 않고, 때로는 자살에 이르기도 한다는 점을 반드시 가르친다. "피임을 하지 마라", "임신을 했다면 낳아라" 등등 터무니없는 가르침을 확산시키는 데 국가의 돈이 사용되고 있는 것이다.

"임신과 성병에 관심이 있는 것처럼 가장하고는 이를 정치적인 도구로 이용하는 집단이 있다."는 베어만 박사의 지적처럼, 보수 기독교는 금욕교육단체를 통해 연방정부로부터 국민의 혈세를 손에 넣고 있다.

ACLU(미국시민자유연맹)는 '실버 링 싱'이 국가로부터 100만 달러의 원조를 받는 것은 정교분리에 반한다고 주장했다. 이에 따라 원조는 한때 유보되었지만, 언 발에 오줌 누기일 뿐이다. 복음주의자로서 보수 기독교를 최대 지지 기반으로 삼은 부시 대통령은 2007년부터 2억 달러의 연방예산을 추가로 투입하겠다고 발표했다. 효과가 없는 것은 물론 위험성마저 보고되고 있는 절대금욕교육에 말이다. 그러나 2006년 11월에 열린 중간선거에서 민주당은 10년 만에 상·하원에서 과반수 의석을 확보하며 정권 탈환에 성공했다. 민주당 의원들은 현재 성교육을 개혁하기 위한 법안을 준비하고 있다.

통칭 Real(리얼)법. Responsible Education About Life(생명에 책임을 갖는 교육)의 머리글자를 딴 것으로, '금욕을 최우선으로 하되 콘돔의 올바른 효과와 사용 방법을 가르치고 과학적인 사실을 바탕으로 하며 특정 종교에 치우치지 않는' 교육에, 부시가 절대금욕교육에 쏟아부으려 했던 2억 달러를 투입하고자 마련한 법안이다.

"아이들이 결혼하는 순간까지 순결을 지켰으면" 하는 부모의 마음을 생각하면 절대금욕은 하나의 이상이겠지만, 인류 역사상 단 한 번도 완벽하게 실현된 적이 없는 그야말로 이상에 불과하다. 이 이상을 위해 젊은이들의 미래를 희생시키기보다는 인간의 본성을 직시하고 현실적으로 대처하자는 자세가 Real이라는 법안명에 담겨 있다.

십 대 임신에 관한 모든 조사 자료에서 공통적으로 드러나는 사실은 임신율이 가정의 소득에 반비례한다는 점이다. 흑인과 히스패

닉일수록 임신율이 높고, 백인의 임신율도 가난한 지역일수록 높다. 소녀가 무방비한 섹스를 하는 근본적인 원인은 금욕교육주의자들이 주장하는 '문화의 퇴폐'가 아니라 빈곤에 있는 것이다. 미국이라는 격차 사회의 저변에서, 미래에 대한 희망이 없는 소녀들은 자신들을 '헐값'에 팔아넘긴다.

"달리 할 일도 없거든요!"

시골의 편의점 주차장에서 아침이 밝아 올 때까지 소년들과 시시덕거리는 이름 없는 소녀의 외침으로, 다큐멘터리 영화 〈쉘비 녹스의 성교육〉은 끝이 난다. 쉘비는 절대금욕교육과의 싸움에서는 패했지만, 현재도 순결 서약을 지켜 가며 명문 텍사스 대학에 진학하여 정치가를 목표로 공부에 매진하고 있다.

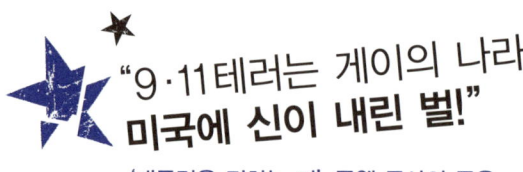

"9·11테러는 게이의 나라 미국에 신이 내린 벌!"

'대통령을 정하는 자' 폴웰 목사의 죽음

2007년 5월 15일, '기독교 우파의 아버지'라 불리는 제리 폴웰 Jerry Falwall (73세)이 자신이 창설한 대학 사무실에서 사망한 채로 발견되었다. 심장마비였다.

폴웰은 미국의 운명을 손에 쥔 인물이었다. 버지니아에서 가난한 밀주업자의 아들로 태어난 폴웰은 열여덟 살 때 기독교인으로 다시 태어났다. 목사가 된 그는 TV 전도를 통해 기독교를 전국으로 확산시켰다. 성서의 내용을 글자 그대로 믿고 진화론과 과학을 부정하는 복음주의, 즉 기독교 원리주의의 리더가 되었지만, 당시에는 아직 일개 '종교가'에 불과했다. 그를 정치의 길로 이끈 것은 1973년 여성에게 낙태의 권리가 있다고 인정한 대법원의 판결이었다. "하나님을 두려워하지 않는 이 따위 판결을 내리다니, 모두 정교분리 때문이다." 폴웰의 분노는 극에 달했다. "정치와 종교의 분리는 악마의 계략이다. 미국의 국정은 우리 기독교인이 지배한다."

폴웰은 기독교 네트워크 '모럴 머조리티'를 결성하고, 성서를 바탕으로 정치를 하도록 정치가들에게 압력을 가했을 뿐만 아니라 신자들을 투표에 동원했다. 남부와 중서부 인구의 과반수를 차지하는 복음주의자들이 미국의 국정을 좌지우지하기 시작했다. 우선 복음주의자인 지미 카터가 대통령이 되었지만 민주당원이었던 그는 진보적인 정책을 추진했고, 실망한 복음주의자들은 1980년 선거에서 공화당의 레이건을 지원하여 당선시켰다. 이후 복음주의자들은 공화당의 최대 지지 기반이 되었다.

2000년 대선에서는 공화당 경선에 출마한 매케인 상원의원이 CNN에 출연하여 "복음주의자들이 정치를 좌지우지하는 현 상황은 정교분리의 원칙에 반한다. 폴웰 목사는 미국을 분열로 몰아가고 있다."고 비판했다. 화가 난 폴웰은 전력을 다해 신자들을 동원했고, 매케인의 경쟁 후보였던 부시(복음주의자)를 당선시켰다. 폴웰은 "2008년 선거에서도 우리의 힘을 보여 주겠다."고 선언했으며, 다시 한 번 대선에 출마한 매케인은 복음주의자들의 지지를 얻기 위해 폴웰에게 용서를 구할 수밖에 없었다.

'대통령을 정하는 자' 폴웰은 이시하라 신타로石原愼太郎 도쿄 도지사는 저리 가라 할 정도로 망언을 남발한 것으로도 유명하다. 1980년대에 에이즈가 퍼졌을 때는 "에이즈는 신이 게이에게 내리는 천

벌이다."라는 발언으로 빈축을 샀다. 1999년에는 유아용 TV 프로그램 〈텔레토비Teletubbies〉에 항의하며 방영 중지를 요구했다. 보라돌이라는 귀여운 보라색 등장인물이 게이라는 것이 그 이유였다. "그는 남자임에도 불구하고 여성용 핸드백을 들고 있다. 온몸이 보라색인 것만 봐도 게이라는 증거 아닌가(파란색이 남성의 색깔이고 빨간색이 여성의 색깔이라면, 이도 저도 아닌 보라색은 게이?). 이 프로그램은 아이들을 게이로 세뇌시키기 위한 음모다!" 눈에 보이는 것은 뭐든지 게이라니, 혹시 변태 아니야?

2001년 9·11테러가 발생한 직후 폴웰은 "하나님이 분노하셨다!"고 선언했다. "이교도, 낙태, 페미니스트, 게이, 레즈비언, 그리고 기독교의 가치관을 거부하는 자들 때문이다!"…이슬람교도의 테러가 기독교 하나님의 분노라고?

폴웰이 이상으로 생각하는 미국은 게이와 낙태, 기독교 이외의 종교를 법으로 금지하는 것은 물론 학교에서는 성서만을 가르치는 나라라고 한다. 그렇다면 이슬람 원리주의와 다를 게 뭐가 있겠는가.

현재 복음주의자가 아닌 미국인들은 폴웰의 죽음에 안도의 한숨을 내쉬고 있다. 보라돌이도 지금쯤 축배를 들고 있지 않을까.

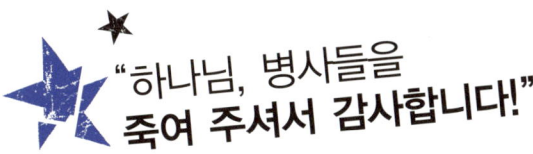

그러나 세상에는 뛰는 놈 위에 나는 놈이 있는 법이다. '기독교 우파의 아버지' 제리 폴웰보다 더한 '극우 기독교'의 이야기를 해 보겠다.

이라크와 아프가니스탄에서 전사한 미군 병사들의 장례식에서 한 무리의 여성들이 다음과 같은 내용이 적힌 피켓과 플랜카드를 들고 있었다.

"하나님, 미국 병사들을 죽여 주셔서 감사합니다."

"미국은 게이의 나라"

"하나님은 미국을 싫어하신다."

"9·11테러는 하나님의 뜻"

"미국 병사들의 죽음에 하나님은 미소를 짓고 계신다."

그리고 나라를 위해 몸 바친 병사들의 어머니들에게 "당신의 아들은 게이의 나라 미국이 받아야 할 벌을 대신 받고 죽었어요!"라며 악담을 퍼부었다.

그녀들은 웨스트보로 침례교회의 신자이다. 남성이 남성의 항문에 페니스를 삽입하는 그림에 "게이는 지옥행"이라고 적힌 보드를 들고 있는 것은 여섯 살 전후의 아이들. 실제로 웨스트보로 교회의 신자 71명 가운데 60명은 교조인 프레드 펠프스 Fred Phelps (79세)의 자녀들과 손자들이다.

과거에 펠프스는 인권 변호사였다. 인종차별이 심한 캔자스 주에서 유색인종의 권리를 위해 싸웠고, NAACP(전미유색인종지위향상협회)로부터 표창을 받은 적도 있다. 그런데 재판 기록을 늦게 제출한 법정속기사를 고소한 뒤부터 180도 다른 사람이 되어 버렸다. 펠프스는 법정에서 그녀의 성생활을 매도했고, 허위 증언을 시킨 혐의로 변호사 자격을 박탈당했다. 그 후 그는 무슨 생각에서인지 집을 교회로 만들더니 목사가 되었다. 열세 명의 자녀들 중 네 명은 기가 질린 채 집을 나갔다. 그들은 "아버지는 스스로를 신이라고 믿기 시작했다."고 말했다.

펠프스는 칼뱅의 '예정설'을 바탕으로 "하나님에게 선택받은 사람은 미리 정해져 있다. 그것은 바로 우리들이다. 하나님은 모든 이들의 운명을 결정하신다. 인간의 죽음은 모두 하나님의 뜻이다."라고 주장하면서 사고나 천재지변, 살인, 질병 등으로 사람들이 죽을 때마다 온 가족이 장례식에 쳐들어가서 "천벌이다."라고 외치며 소란을 피워 댔다.

이 가족이 유명해진 것은, 1998년 와이오밍에서 게이라는 이유로 살해당한 소년의 장례식에 가서 "게이는 죽어 마땅하다."라고 적힌 보드를 들고 있는 모습이 보도되고 나서이다. 펠프스는 자신의 아들이 공원에서 성희롱당할 뻔했던 사건을 계기로 게이를 증오하게 되었고, 이것이 동성애를 허용하는 미국 그 자체에 대한 증오로 확대되더니, 결국 게이와는 아무런 상관도 없는 병사들의 장례식을 헤집고 다니는 짓까지도 서슴지 않게 되었다.

여기서 한 가지 의문이 생긴다. 장례식이 있는 곳이라면 어디든지 온 가족이 비행기까지 동원하여 찾아다닐 때 드는 비용을 그들은 어떻게 마련하고 있을까? 사실 펠프스의 자녀 중 다섯은 변호사이다. 그들은 자신들이 걸어 놓은 피켓을 철거한 경찰과 교회를 모두 '언론의 자유를 침해' 한 혐의로 고소한다. 미국에서는 인권 침해에 맞서 싸우는 변호사 비용을 연방정부가 부담하도록 되어 있는데, 이것이 바로 펠프스 가족의 수입원이다!

2006년 이 골치 아픈 가족 때문에 '전몰자 존중법' 을 제정하고, 전사자의 장례식에서 100미터 이내로 접근하는 방해자를 체포할 수 있게 했다.

펠프스 가족에게 가장 분노하는 이들은 우익과 보수파이다. 보수파 칼럼니스트인 키스 우드 Keith R. Wood 는 "펠프스 가족은 좌익의 사주를 받고 기독교 우파를 바보로 만들기 위해 연기를 하고 있는 것이 아닐까?"라고 의심한다. 이 가족은 때때로 '애국자'들로부터 폭행을 당한다. 때문에 연기라고 하기에는 너무 위험해 보이지만, 어쨌든 펠프스가 자신과 마찬가지로 게이를 싫어하는 부시 대통령을 "말의 페니스를 주무르는 호모 녀석!"이라고 불렀을 때는 폭소하지 않을 수 없었다. 그 말은 "우리 남편은 얼빠진 구석이 있어서 수말의 우유를 짜려고 한다니까요."라는 로라 여사의 농담을 빗댄 것이었다!

명분 없는 전쟁

부시 행정부에 배신당한 미녀 스파이

적국 쿠바에 남겨진 미국의 고문소

미국에 귀환한 이라크 전쟁의 광기

병사 부족이 초래한 이라크인 학살 사건

전쟁을 모르는 강경파가 전쟁을 일으킨다

람보의 투쟁은 모두 픽션이었다

소련을 무너뜨리고 탈레반을 키운 자

정부도 어찌할 수 없는 전쟁 주식 회사

오사마 빈 라덴을 아시나요?

현재 20만 명의 미군 병사들이 전 세계에
파병되어 있는데, 2005년에만 '인격 장애'
로 제대한 병사가 1038명에 달한다. 지금
미군 병사의 '수준'은 건국 이래 최저로
추락했다.

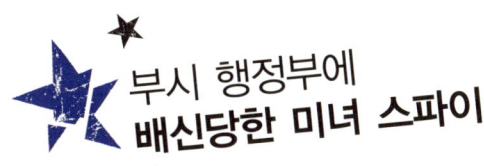

부시 행정부에 배신당한 미녀 스파이

이라크 전쟁과 CIA의 관계

…우리 다섯 명은 숲과 진흙으로 뒤덮인 지대로 들어갔다. 오전 4시. 각자가 등에 메고 있던 배낭은 텐트와 냉동 건조된 비상식량, 수질 정화제, 그리고 M-16 라이플에 장착하는 5.56밀리탄으로 채워져 있었다. 우리의 사명은 적의 공격을 피하면서 동료들과 합류하고, 헬리콥터로 탈출하는 것이다….

전 CIA 비밀공작원 발레리 플레임 Valerie Plame 의 자서전 《페어 게임 Fair Game》은 그녀가 체험한 CIA 최종 훈련을 묘사하는 부분으로 시작된다. 플레임은 대학 졸업 후 백화점에 취직했는데, 그녀의 총명함을 높이 산 CIA에 스카우트된다. CIA에서는 사격과 격투 기술, 고문과 심문에 견디는 훈련뿐만 아니라 신분이 노출되었을 때의 대처 방법까지 배운다. 가령 순식간에 옷을 벗고 침대로 올라가는 것이다. 물론 이 작전은 발레리 플레임처럼 아름다운 여성이 아니면 안 된다.

훈련이 끝나고 플레임은 CIA가 운영하는 위장 회사의 직원으로 세계 각국에 파견되었다. 그녀의 업무는 파견된 나라의 정부 내에 정보 제공자를 확보하는 것이다. 즉 미인계를 쓰는 것인데…,《페어 게임》에서는 '점점 재미있어지는데.'라고 생각하는 순간 ××××××××××……처럼 복자伏字가 쏟아지기 시작한다. 심한 부분은 몇 쪽에 걸쳐 복자가 이어진다. CIA가 출판 전에 교정쇄를 검열하여 국가 기밀로 판단한 결과이다.

복자투성이임에도 불구하고 《페어 게임》은 베스트셀러가 되었다. 이 책이 미녀 스파이의 체험담이기 때문이 아니다. 플레임이 이라크 전쟁의 열쇠를 쥐고 있는 인물이기 때문이다.

9·11테러가 발생하기 전부터 부시 행정부는 이라크가 생화학무기나 핵무기 같은 대량살상무기를 개발하고 있다는 증거를 잡도록 CIA에 강력히 요구했다. 부시 행정부는 테러가 발생하기 전부터 공격할 구실을 찾고 있었던 것이다. 딕 체니 부통령은 이라크가 아프리카의 니제르로부터 핵무기의 연료인 우라늄을 사들이고 있다는 정보를 고집하더니, 2002년 2월 현지에 조사단을 파견했다. 당시 아프리카의 사정에 정통한 전 가봉 대사를 조사에 동행시켰는데, 그가 바로 플레임의 남편 존 윌슨Joseph C. Wilson이다. 막상 조사를 하고

나니 니제르의 우라늄 의혹은 사실이 아니었고, 윌슨은 그러한 취지의 보고서를 대통령에게 제출했다.

그런데 부시 대통령은 2003년 초 일반 교서 연설에서 "이라크는 니제르로부터 우라늄을 수입했다."고 말했다. 윌슨은 "내 보고서와 정반대가 아닌가!"라며 분노했지만, 결국 미국은 이라크를 침공했다. 당연히 대량살상무기는 발견되지 않았다.

같은 해 7월, 윌슨은 《뉴욕타임스》지에 백악관이 이라크 침공을 정당화하기 위해 자신의 보고서를 은폐했다는 내용의 칼럼을 게재했다. 그리고 일주일 후, 《워싱턴포스트》지에 윌슨의 아내 발레리 플레임이 CIA 공작원이라는 폭로 기사가 실렸다.

이 기사를 쓴 사람은 보수파 칼럼니스트 로버트 노박Robert Novak으로, 그는 대통령 보좌관인 칼 로브Karl Rove와 부통령 보좌관인 루이스 리비Lewis Libby로부터 정보를 제공받았다고 말했다. 즉 칼 로브와 딕 체니는 대량살상무기가 날조된 정보였다는 사실을 알아낸 윌슨에게 복수하기 위해 그의 아내의 정체를 폭로한 것이다. 이는 비밀공작원에게 있어서는 사형선고나 마찬가지다. 칼 로브는 "이로써 플레임도 페어 게임이 되었군."이라고 말했다. 페어 게임이란 수렵이 허용되어 누구라도 죽일 수 있게 된 사냥감을 말한다. 물론 로브 등이 저지른 행위는 '정보기관원 신원보호법'을 위반한 것이다.

'리크게이트Leak Gate'로 알려진 이 사건의 재판은 부통령 보좌관인 리비가 위증죄로 유죄 판결을 받으면서 끝이 났다. 체니의 명령 없이 리비가 단독으로 정보를 누설했을 리 만무하지만, 그는 혼자서 모든 죄를 뒤집어썼다(얼마 후 부시에 의해 사면되었다).

정부에 배신당하고 하루아침에 직장을 잃은 발레리 플레임에게, 《페어 게임》이 할리우드 영화로 제작된다는 사실은 작은 위안이 될 지도 모르겠다. 그나저나 복자 부분은 어떤 식으로 영상화할 생각 인지….

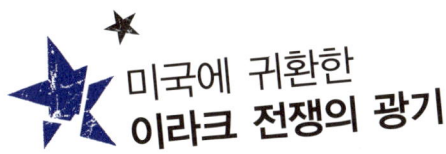

미국에 귀환한
이라크 전쟁의 광기

★ 영화 〈엘라의 계곡〉이 폭로하는 병사 참살 사건

"이 이야기를 영화로 만들겠다고 생각한 것은 2003년 말입니다. 대다수 미국인이 이라크 전쟁은 정당하다고 생각하던 무렵이지요. 그렇기 때문에 모두들 반대했지만요."

폴 해기스Paul Haggis 감독은 이렇게 말하고 나서 맛이 별로라는 듯 커피를 홀짝거렸다. 이 커피숍은 1970년대부터 커피 맛이나 인테리어나 그대로인 듯하다. 카페라떼가 뭔지도 몰랐던 시절부터 말이다.

이곳은 뉴멕시코 주 앨버커키. 폴 해기스는 〈밀리언 달러 베이비Million Dollar Baby〉, 〈크래쉬Crash〉, 〈아버지의 깃발Flags of Our Fathers〉로 아카데미 시상식의 단골 수상자가 된 각본가 겸 영화감독이다. 그는 이 황야 마을에서 신작 〈엘라의 계곡In the Valley of Elah〉을 촬영 중이다. 나는 그 현장을 방문했다.

〈엘라의 계곡〉은 2003년 7월에 일어난 한 사건을 바탕으로 하고 있다. 2003년 3월 이라크 점령에 참가한 미군 병사 리처드 데이비스[Richard T. Davis](는 군 복무를 마치고 무사히 조국으로 돌아왔지만, 이틀 후 행방불명된다. 그는 고향 미주리의 집에서 그를 기다리고 있던 부모의 품으로 다시는 돌아가지 못했다. 군은 리처드를 AWOL, 즉 탈영병으로 간주했다. 그러나 그의 부모는 "우리 아들이 탈영할리가 없다."며 아들을 찾아 나섰다.

커피숍에서 촬영한 부분은 아버지(토미 리 존스 배역)가 옛 군대 동료와 상담하는 장면. 전 MP(헌병)인 만큼 아버지는 수색에 익숙했다.

"이 영화는 실종된 젊은이의 행방을 추적하는 미스터리로 시작됩니다. 실제 사건도 마찬가지였지요." 해기스는 말한다. "하지만 아버지는 점점 이라크 전쟁의 실상을 접하며 혼란에 빠지기 시작합니다."

아버지는 이라크에서 돌아온 아들이 머물렀던 조지아 주 포트베닝 기지를 방문하여 아들 리처드의 짐이 모두 막사에 남아 있는 것을 보고는 탈영이 아니라고 확신한다. "맨몸으로 탈영할 리가 없어. 게다가 아들은 임무를 마치고 미주리의 집으로 돌아오는 중이었어. 탈영할 이유가 없잖아."

리처드는 군인이 되기 위해 태어났다고 해도 과언이 아니다. MP였던 아버지는 필리핀에 주둔했을 때 군의관이었던 필리핀 여성과 결혼했는데, 두 사람 사이에 태어난 아이가 리처드였다. 군인 부모 아래서 자란 그는 고등학교를 졸업하자마자 육군에 자원입대했고, 실종 당시 두 번째 복무를 마친 상태였다. 아버지는 이라크에 있던 아들에게서 딱 한 번 전화를 받은 적이 있다. "아버지, 여기서 나가고 싶어요." 아들은 울고 있었다. 리처드는 여간해서 눈물을 보이는 법이 없었다.

이라크에서 미국으로 돌아온 다음 날 밤, 리처드는 네 명의 전우들과 함께 스트립바를 찾았다. 술이 많이 취한 그는 댄서에게 집적대며 난동을 부리다가 쫓겨났다. 다른 네 명은 리처드와 헤어진 후 기지로 돌아왔다. 그리고 리처드는 사라졌다.

〈엘라의 계곡〉은 다큐멘터리가 아니기 때문에 아버지의 열의에 설복된 지역의 미녀 형사(샤를리즈 테론 배역)가 수색을 돕게 되고, 함께 리처드의 행방을 추적한다는 픽션의 요소가 가미되었다. 그러나 현실에서는 리처드가 실종되고 4개월이 지난 뒤 부대 안에서 "리처드가 기지 근처의 숲에 파묻혔다."는 소문이 돌기 시작했고, 곧 수색에 나선 군이 그의 시체를 발견한다. 시체는 불에 타서 거의 백골이나 다름없었고, 뼈에는 칼에 찔린 상처가 서른세 군데나 있었다. 그보다 훨씬 많이 칼에 찔렸던 것이다.

리처드와 마지막으로 외출했던 네 명의 병사가 체포되었다. 스트립바에서 난동을 부리는 리처드와 말싸움을 하던 중, 마르티네즈

Alberto Martinez라는 병사가 갑자기 칼을 꺼내 들고는 리처드의 옆구리를 찔렀다고 자백했다. 치명상은 아니었지만, 일이 커지는 것을 두려워한 네 사람은 리처드를 죽이기로 했다. 버고인Jacob Burgoyne은 다음과 같이 증언했다.

"마르티네즈는 리처드 위에 올라타더니 정신없이 찔러 댔습니다. 신장, 간, 심장, 머리…. 리처드는 가족들이 보고 싶다고 외쳤습니다. 그러다가 '나, 곧 죽을 것 같아.'라고 두 번 들릴 듯 말 듯 작은 목소리로 말하더니 조용해졌습니다. 그래도 마르티네즈는 계속해서 찔러 댔습니다."

군은 그의 증언을 믿지 않았다. 마르티네즈는 처자식이 있는 뛰어난 군인이었기 때문이다. 하지만 그는 아무런 반론도 하지 않았다. 마르티네즈와 또 한 명의 용의자는 무기징역, 버고인은 살인을 도운 혐의로 징역 20년을 선고받았다.

재판은 끝났지만 여전히 큰 수수께끼가 남아 있다. 어째서 리처드는 전장에서 생사를 같이한 동료들에게 참혹하게 살해당해야 했으며, 왜 아무도 이를 말리지 않았을까?

"녀석들은 이라크에서 민간인을 강간하고 잔학 행위를 저질렀소. 그 사실을 알고 있는 리처드를 없애려 했단 말이오." 아버지는 이렇게 주장하며 군에 조사를 요구했다. 군이 조사한 결과, 리처드의 부대가 부상당한 포로의 상처에 손가락을 쑤셔 넣는 등의 학대를 했다는 증언이 나왔다. 그런데 그 당사자가 리처드라는 것이다. 군은 리처드가 살해당한 사건과 이라크 전투는 아무런 관련이 없다고 결론을 내렸다.

"어쩔 수 없었습니다."

당시 살인 현장에는 있었지만, 단지 지켜보기만 했다는 이유로 집행유예 5년에 그친 우드코프Douglas Woodcoff는 CBS TV와의 인터뷰에서 이렇게 말했다. 서른 번도 넘게 찔러 놓고 어쩔 수 없었다고?

"우리는 전장에서 돌아온 직후였습니다." 우드코프는 말했다. "무슨 일이든 폭력으로 해결하는 곳이거든요. 전쟁이니까요."

마르티네즈는 전장에서 몸에 밴 습관 때문에 무심코 리처드를 죽였다고 말하는 건가?

"그럴지도 모르죠." 우드코프는 말했다. "그날 밤 술집에 가기 전에 저는 칼을 놓고 나왔습니다. 가지고 있다가는 반사적으로 누군가를 찌를지도 모른다고 생각했거든요. 저는 아직도 제 자신이 이라크에 있는 것 같은 착각에 빠지곤 합니다."

유죄 판결을 받은 마르티네즈와 버고인은 현재 전장 경험으로 인한 PTSD(외상 후 스트레스 장애)가 살인의 원인이라고 주장하며 감형을 요구하고 있다.

《뉴잉글랜드 의료 저널New England Journal of Medicine》이 발표한 육군 조사에 따르면, 2006년까지 이라크와 아프가니스탄에 주둔했던 병사들 가운데 10~15퍼센트가 PTSD 진단을 받았다. 이 비율을 병사 수로 환산하면 1만 3000명에서 2만 명에 달한다. 전장에서 죽지 않았다고 안심할 게 아니다.

"각본을 쓰는 동안 저는 각색한 〈아버지의 깃발〉과의 유사점을 발견했습니다." 해기스는 말한다. 〈아버지의 깃발〉은 태평양 전쟁에서 유황도를 공략했던 미 해병대의 영웅이 전쟁에서 체험한 것들을 아이들에게 말하지 않고 죽자, 아들이 직접 조사한다는 이야기입니다. 유황도는 미국과 일본의 병사들이 정정당당하게 싸웠던 전장이지만, 병사들에게는 평생 씻을 수 없는 마음의 상처를 남겼습니다. 이라크 전쟁은 어땠을까요?"

해기스는 잠시 침묵한 후 말을 이어 갔다.

"이라크 전쟁에서 미군은 민간인 여성들과 아이들이 살고 있는 주택지 안으로 진격해 들어갔습니다. '베일을 쓴 여성들은 장바구니에 폭탄을 감추고 있을지도 모른다. 누가 적군이고 누가 아군인지 알 수 없다. 그렇다면 자신의 몸을 지키기 위해 우선 죽일 수밖에 없다.'며. 게다가 이라크 전쟁은 명분 없는 전쟁입니다. 나라를 위해 온몸을 내던질 각오가 되어 있는 성실한 병사들이 납득할 수 없는 전쟁을 강요당하고 있습니다. 머리가 이상해지는 것도 어찌 보면 당연한 일입니다."

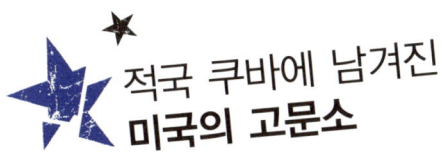

적국 쿠바에 남겨진
미국의 고문소

관타나모에서 살아 돌아온 죄 없는 젊은이들

"저는 가슴과 무릎이 맞닿은 자세로 묶인 채 100여 명의 포로들과 함께 트럭 컨테이너 안으로 던져졌습니다."

아시프 이크발Asif Iqbal(당시 20세)은 아프가니스탄에서 미군이 주도하는 다국적군에게 체포되었던 경험을 이렇게 회상한다.

"곧 산소가 부족해지기 시작했습니다. 밖에 있는 병사들이 기관총으로 컨테이너를 난사해서 숨구멍을 만들어 주었지만, 몇 명은 그 총격으로 죽고 말았습니다."

아시프는 피와 똥오줌이 가득한 트럭 컨테이너 안에서 시체들 아래 깔린 채 하룻밤을 지냈다. 그러나 지옥을 향한 여정은 이제 막 시작되었을 뿐이었다.

2006년 6월 말, 미국에서 〈관타나모로 가는 길The Road to Guantanamo〉이 개봉되었다. 〈관타나모로 가는 길〉은 아시프 이크발 등 파키스탄계 영국인 젊은이 세 명이 알카에다 게릴라로 오인되어, 쿠바에 있는 미군의 관타나모 기지에서 2년간 고문당한 사건을 인터뷰와 재현 필름으로 구성한 영국 영화이다.

2001년 9월, 아시프는 부모가 정해 준 신부와 결혼하기 위해 친구 세 명과 함께 파키스탄으로 향했다. 영국에서 나고 자란 아시프와 친구들은 엄밀하게 따지면 이슬람교도지만, 결코 광신도는 아니었다. 갭(GAP) 파카에 아디다스 가방을 매고 에미넴의 랩을 따라 부르는, 길거리에서 흔히 볼 수 있는 평범한 젊은이들이다.

그런데 그들이 파키스탄에 도착하자마자, 미군이 인접국인 아프가니스탄을 총공격하기 시작했다. 그들은 "곤경에 처한 사람들을 구하러 가자."며 무모하게도 국경을 넘고 말았다. 결혼 전에 청춘 시절의 마지막 추억을 만들고 싶었던 것인지도 모른다. 물론 그들은 말도 통하지 않았고, 아무런 도움도 줄 수 없었다. 이내 돌아가기로 마음먹은 순간 미군의 맹폭격에 휘말려 한 명은 행방불명이 되고, 나머지 세 명은 아프가니스탄 사람들과 함께 미군에 체포되었다. 그리고 앞에서 말한 것처럼 트럭에 태워져 기지로 이송되었다.

영어를 사용하는 그들은 알카에다의 테러리스트로 오인되어 매일같이 심문을 받았다.

"오사마 빈 라덴은 어디 있나?"

"모릅니다."

후두부를 가격당한다.

"오사마는 어디 있나?"

"모릅니다!"

또다시 가격당한다. 이런 상황이 끊임없이 이어졌다.

세 사람은 수송기에 태워진 채 쿠바의 관타나모 기지로 이송되었다. 관타나모는 1898년 미국-스페인 전쟁에서 승리한 미국이 스페인으로부터 쿠바의 관리권을 넘겨받았을 때 설치한 해군 기지이다. 1959년 쿠바 혁명을 일으켜 미국의 괴뢰정부를 무너뜨린 카스트로 총리는 관타나모 만에서 미군을 철수시키도록 요구했다. 하지만 미국은 이를 거부한 채 불법 점거를 계속하고 있으며, 9·11테러 이후에는 이슬람계 테러 용의자의 수용소로 사용하고 있다.

관타나모에서 세 사람을 기다리고 있던 것은 감옥이 아니라 폭염 아래 놓여 있는 철창이었다. 독벌레와 전갈이 철창 안으로 들어왔다. 고문도 계속되었다. 금고처럼 생긴 방 안에서 볼륨을 최대한으로 높인 데스메탈^{death metal}을 몇 시간이고 들어야 했다.

관타나모 수감자들은 변호사를 선임할 권리를 보장하고 있는 미국 국내법으로도, 전쟁 포로의 고문을 금지한 제네바 조약으로도 보호받지 못하는 '비정규 전투원'으로 취급된다. 영화가 개봉되기 직전에 관타나모의 수감자 가운데 세 사람이 고문을 견디지 못하고 자살했다는 사실이 밝혀졌다. 공화당의 매케인 상원의원(베트남 전쟁에서 포로로 잡혔던 경험이 있다)은 "미군의 고문은 자유와 민주라는 미국의 대의를 손상시킬 뿐만 아니라 적에게 포로로 잡혀 있는 미군 병사들까지 위험하게 만든다."고 비난했지만, 부시 대통령은 "그들은 bad people(나쁜 사람들)이기 때문에 어쩔 수 없다."고 반론했다. 관타나모에 수감된 후 무죄로 판명된 사람들이 적지 않은데도 말이다.

아시프와 그의 친구들도 2003년 무죄 방면되었지만, 미국은 사죄도 보상도 하지 않았다. 카프카의 부조리 소설에서처럼 2년 만에 중년 아저씨처럼 변해 버린 아시프는 자신을 기다려 준 신부와 결혼했다.

2006년 6월 29일, 미 연방대법원은 관타나모에서 자행되는 학대 행위가 제네바 조약과 미국 국내법에 위배된다며 금지 판결을 내렸지만, 부시 행정부는 들은 척도 하지 않았다.

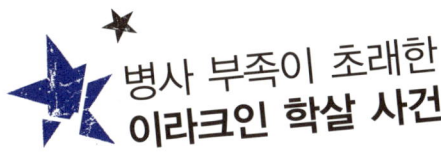

병사 부족이 초래한
이라크인 학살 사건
건국 이래 최저로 추락한 미군의 '수준'

2006년 6월, 이라크의 마흐무디야에 주둔하고 있던 미 육군 제 502보병연대의 병사 중 한 명이 살해당하고, 두 명이 납치된 뒤 머리가 절단된 시체로 발견되었다. 이는 평범한 게릴라의 저항이 아니었다. 열네 살 소녀가 살해된 데 따른 복수였다.

카운슬링을 받고 있던 미 병사가 엄청난 사실을 고백했다.

같은 해 3월 12일, 스티븐 그린Steven Dale Green (21세) 일병이 다른 세 명의 병사들을 꼬드겨 기지를 빠져나갔다. 그들은 총을 휴대하고 눈에 띄지 않도록 검정색 사복으로 갈아입었다. 그린은 예전부터 점 찍어 두었던 여중생 아비의 집에 침입했다. 그리고는 부모와 다섯 살 난 여동생을 사살한 후 아비를 강간했다. 그는 증거 인멸을 위해 돌격총을 수차례 발사하여 그녀의 머리를 으스러뜨리고, 온몸에 기름을 뿌린 다음 불을 붙였다. 아비의 사촌이 이 집에 왔을 때, 그녀의 몸은 채 타지 않은 상태였다. 처음에 미군은 이 사건을 테러리스트의 소행이라고 생각했다.

얼마 후 제대한 그린은 고향 켄터키에서 체포되었다.

이라크에 파병된 지 5개월 만에 그린은 강제 제대되었다. 이유는 '인격 장애'. 진단 근거는 발표되지 않았지만, 그의 상관은 그린이 "이라크인을 모두 죽여 버리겠어."라고 말하는 것을 들었다고 한다. 상관은 그린을 불러 "우리가 이곳에 온 목적은 이라크인들을 구하기 위해서다."라고 엄중히 주의를 주었다. 또한 그린은 미군 기관지 《스타즈 앤 스트라이프 Stars and Stripes》지와의 인터뷰에서 이렇게 말했다. "사람을 죽이는 것은 개미를 밟아 뭉개는 것이나 다를 바 없어요. 대단한 일도 아니에요."

이라크에 주둔해 있는 병사들은 언제 누구에게 살해당할지 모르는 상황에 있다. 그린이 배속된 검문소에서도 일반 시민으로 위장한 게릴라에게 두 명의 병사가 사살되었다. 누가 적인지 모르는 상황에서 미군 병사들은 이라크인 전체를 증오하게 되었다. 이 때문에 해병대가 무저항 상태에 있는 스물네 명의 이라크 시민을 학살한 사건도 발생했다.

그러나 예전부터 그린을 알고 있는 사람들은 전쟁 때문이 아니라고 말한다.

"그 애는 입대할 때부터 이라크인을 모두 죽여 버리겠다고 말했어요." 그린의 친구 어머니인 알마 토마스^{Alma Thomas} 씨는 취재에 응하며 이렇게 말했다.

그린은 유전 지대인 텍사스 주 미들랜드에서 태어났다. 네 살 되던 해 부모가 이혼하고 어머니가 음주 운전으로 형무소에 들어간 후, 그린은 친척 집을 전전하며 살았다. 그는 끊임없이 폭력 사건을 일으키다가 고등학교를 중퇴했다. 그리고 나서 얼마 후 미성년자가 술을 소지한 혐의로 체포되었고, 보호관찰을 면하기 위해 육군에 입대했다. 이런 식으로 형벌을 경감받기 위해 입대하는 사람이 2007년에만 3퍼센트나 증가했다.

그 배경이 되고 있는 것은 심각한 신병 부족이다. 군에서는 입대 시 적성검사를 실시하여 정서나 윤리관에 문제가 있는 사람을 걸러내도록 되어 있다. 하지만 2005년에 적성검사의 기준이 낮아지면서 최저 평가 점수인 '4'를 받아도 채용할 수 있게 되었다(그린의 적성검사 점수는 발표되지 않았다). 게다가 신병 훈련도 느슨해졌다. 작년까지는 훈련 과정에서 탈락된 신병이 18퍼센트 이상이었지만, 지금은 절반 이하인 7.6퍼센트에 불과하다.

현재 20만 명의 미군 병사들이 전 세계에 파병되어 있는데, 2005년에만 '인격 장애'로 제대한 병사가 1038명에 달한다. 지금 미군 병사의 '수준'은 건국 이래 최저로 추락했다.

전쟁을 모르는 강경파가 전쟁을 일으킨다

부시 행정부를 좌지우지하는 치킨 호크

《AWOL》이라는 책이 출간되었다. AWOL이란 병사가 군대에서 도망치는 행위를 가리키는 군사 용어이다. '미국 상류층의 용서할 수 없는 병역 기피The Unexcused Absence of America's Upper Classes from Military Service'라는 부제가 붙어 있는 이 책은 미국의 부유층에서 군대 경험자가 급격하게 줄어들고 있는 현 상황을 규탄한다.

이 책에 따르면, 현재 미국의 일류 대학 중 하나로 꼽히는 명문 프린스턴 대학에서는 2004년도 졸업생 1100명 가운데 군대에 입대한 사람이 고작 10명으로, 1퍼센트밖에 되지 않는다. 아이비리그 대학 전체를 봐도 상황은 비슷하다. 현재 세계 각국에 파병된 20만 명의 미군 병사 대부분이 대학 입학금을 마련하기 위해 자원한 가난한 가정 출신이다. "당연하지. 징병제도가 있는 것도 아니고, 부잣집 아들내미가 굳이 전쟁에 참가할 이유가 없지 않은가."라고 생각하는 사람도 있겠지만, 불과 50년 전인 1956년만 해도 프린스턴 대학 졸업생 750명 가운데 400명, 즉 절반 이상이 군에 자원했다.

노블레스 오블리주(지도층의 도덕적 의무)라고 해서, 구미에서는 귀족과 부유한 가정에서 태어난 남성이 사회의 리더로서 전쟁에 나가는 것을 전통으로 삼아 왔다. 안전한 후방에서 "돌격!"이라고 외치는 것이 아니라, "나를 따르라!"며 맨 앞에 나서는 자를 '리더'라고 부른다. 그렇기 때문에 미국의 역대 대통령 대부분이 군대 경험자이다. 예를 들어 케네디 대통령은 태평양 전쟁에서 어뢰정을 타고 싸웠고, 그의 형은 전사했다.

그런데 현재 미국 의회의 상·하원의원 가운데 군대 경험자는 끽해야 5퍼센트, 자녀를 군대에 보낸 의원은 7명밖에 되지 않는다. 듀크 대학에서 실시한 조사에 따르면, 군대를 경험한 각료나 의원이 적을수록 미국은 쉽게 전쟁을 일으킨다고 한다. 자신이나 주변 사람들이 군인이 아니기 때문에 전쟁의 고통을 모르는 까닭이다.

실제로는 전쟁 경험이 없으면서 입으로만 호전적인 발언을 하는 사람을 일컬어 치킨 호크(비겁한 강경파)라고 한다. 현재 미국의 주도권은 치킨 호크들이 쥐고 있다. 부시 대통령의 아버지는 전투기를 타고 일본군과 싸웠지만, 아들은 주군州軍에 입대하여 베트남 전쟁에 징병되는 사태를 면했다. 체니 부통령은 결혼 등을 이유로 무려 다섯 차례나 징병을 피해 다녔다. 럼스펠드 국무장관도 교육대에서 복무했을 뿐 실전 경험은 없다. 각료 중에서 유일하게 전장의 영웅이었던 파월 국무장관은 온건파라는 이유로 부시에게 쫓겨났다.

2000년 부시와 함께 공화당의 경선 후보였던 매케인 상원의원의 아들 지미(당시 18세)가 그해 여름 해병대에 자원입대하여 세상을 놀라게 했다. 해병대라고 하면, 적전 상륙을 임무로 하는 부대로 전사율이 가장 높기 때문이다. 지미는 매케인가의 전통을 따랐을 뿐이라고 말했다. 매케인가는 대대로 군인 집안으로, 매케인 의원 또한 해군사관으로서 베트남 전쟁에 참전했다. 공격기의 승무원으로 북베트남 폭격 중에 격추당한 그는, 5년 반이나 포로로 잡힌 채 고문을 당하여 평생 지울 수 없는 장애를 갖게 되었다.

매케인 의원은 공화당이지만, 부시 행정부가 추진하는 비밀 도청, 포로들의 고문, 이민자 단속에 강력히 반대해 왔다. 또한 자신을 포로로 잡아 두고 고문했던 베트남과 국교를 정상화했다. 그는 자신이 이데올로기나 국가에 관계없이 사회적 약자, 병사 들과 공감할 수 있게 된 것은 모두 군대 덕분이라고 말한다. 전 국민 징병제는 전쟁에서 승리하기 위해서가 아니라, 신분과 피부색이 다른 젊은이들이 함께 생활하는 것은 물론 생사를 같이하는 경험을 쌓기 위한 교육 시스템이다. 풍족한 생활밖에 모르는 2, 3세 의원들이 넘쳐 나는 미국에서, 전쟁과 복지에 있어 서민의 고충을 반영하는 정책을 기대하기는 어렵다. 아, 그러고 보니 우리도 마찬가지구나.

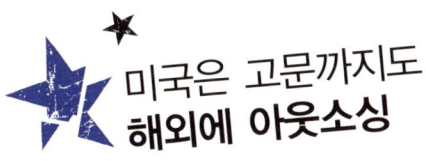

미국은 고문까지도 해외에 아웃소싱

테러 용의자를 납치, 고문하는 CIA 비밀 작전

영화 〈쏘우Saw〉가 흥행에 성공하면서, 미국에서는 납치와 감금, 고문을 다룬 호러 영화가 쏟아져 나오기 시작했다. 이는 아마도 시대의 반영일 것이다. 얼마 전에도 실화를 바탕으로 한 납치, 고문 영화 두 편이 개봉되었다.

첫 번째는 〈마이티 하트A Mighty Heart〉. 2002년《월스트리트 저널 Wall Street Journal》지의 기자 다니엘 펄Daniel Pearl이 파키스탄에서 이슬람 과격파에게 납치된 사건을 그리고 있다. 펄을 CIA 스파이로 오인한 납치 단체는 고문 끝에 그의 머리를 베고, 그 과정을 처음부터 끝까지 인터넷을 통해 공개했다. 이 영화는 사람들에게 테러에 대한 분노를 환기시켰는데, 〈렌디션Rendition〉이라는 영화로 인해 이 분노는 다른 곳으로 옮겨 간다.

아프리카에 출장을 갔던 이집트계 미국인 사업가가 워싱턴으로 돌아오던 중 공항에서 사라진다. 그의 아내는 남편을 찾기 위해 온 갖 방법을 동원하여 수소문한 끝에 경악할 만한 진상을 알게 되었다. 남편은 공항에서 CIA에 납치되어 중동에 있는 나라로 몰래 이송된 후 고문을 받고 있었다.

이것은 실제로 있었던 일이다. 2002년 9월, 시리아 출신의 캐나다인이자 컴퓨터 기술자인 메이어 에이라 Maher Arar 는 튀니지 여행을 마친 후 뉴욕 JFK 공항에서 캐나다행 비행기로 갈아타던 중 구속되었다. 알카에다로 오인된 그는 변호사에게 연락도 하지 못한 채 CIA 위장 회사의 전용기에 태워져 비밀리에 시리아로 이송되었다. 이러한 행위를 CIA는 '특별 송환 Extraordinary Rendition' 이라고 부른다. 미국 내에서는 테러 용의자를 구속해도 기한 내에 자백을 받아 내지 못하면 석방해야 한다. 게다가 미국은 고문을 법으로 금지하고 있다. 그래서 CIA는 용의자를 이집트나 요르단, 모로코, 시리아 등지로 보내기 시작했다. 경찰에 의한 무기한 구금과 고문이 허용되는 나라에서 대신 고문을 시키기 위해서다.

에이라는 시리아에서 1년이나 고문을 당한 뒤에야 무죄가 인정되어 석방되었다. 그와 같이 무고한 피해자들이 차례차례 고문당한 경험을 말하기 시작했다. 목에 건 밧줄을 문에 매달고 발끝으로 서 있게 해서 액사縊死의 공포를 느끼게 했다고, 얼굴에 천을 씌우고 질식하기 직전까지 물을 부었다고….

이러한 특별 송환은 CIA가 클린턴 행정부 시절에 고안한 것으로, 2001년 9·11테러 이후 더욱 확대되었다. 체니 부통령이 "(테러와의 전쟁에서는) 어두운 부분에 발을 들여놓을 필요도 있다."며 고문을 지지했기 때문이다. 극비 작전이기 때문에 정확한 숫자는 알 수 없지만, EU의 조사에 따르면 유럽에서 CIA에 납치되어 행방불명된 사람은 100명이 넘는다고 한다.

고문을 금지하는 것은 인도적인 이유 때문만은 아니다. 고문당하는 사람은 심문하는 사람이 원하는 대답을 하기 쉽다. 미국이 이라크 공격의 구실로 삼았던 알카에다와의 관계나 대량살상무기에 대한 잘못된 정보 중 몇 가지는 고문으로 얻은 것이다.

고문 끝에 무죄로 판명된 사람들이 차례차례 미국을 상대로 소송을 제기하고 있지만, 아무런 보상도 사과도 받지 못하고 있다. 어쩌면 살아 돌아온 것만으로도 다행일지 모른다. 아프가니스탄에서 살해당한 죄 없는 택시 운전사처럼 고문 중에 사망한 경우도 있기 때문이다.

람보의 투쟁은 모두 픽션이었다

아프간 게릴라가 9·11테러로 '뒤통수를 치다'

실베스터 스탤론을 만났다. 〈람보 4: 라스트 블러드Rambo〉에서 20년 만에 '1인 군대' 람보를 부활시켰기 때문이다.

스탤론은 벌써 62세. 젊다고 해야 할지 늙었다고 해야 할지 잘 모르겠지만, 악수를 나누던 팔뚝은 그가 출연했던 CF의 햄보다도 두꺼웠다. 유통 금지된 근육강화제를 오스트레일리아에서 반입한 혐의로 작년에 체포되었었기 때문에 〈람보 4: 라스트 블러드〉에서 록키다운 몸을 보여 주기까지는 여간 힘들지 않았을 것이다.

〈람보 4: 라스트 블러드〉에서는 태국의 정글에서 조용히 여생을 보내던 람보 할아버지가 소수민족인 카렌족 마을을 습격한 미얀마 군대의 극악무도함에 분노하며 무기를 집어 든다. "람보에게 어울리는 적을 계속 찾아 왔는데, 드디어 미얀마를 발견했습니다." 제작, 감독, 각본을 모두 맡은 스탤론은 말했다.

전작 〈람보 3^{Rambo Ⅲ}〉(1988)에서는 람보 혼자서 108명의 소련 병사들을 해치우며 '최고의 폭력적인 영화'로 기네스북에 올랐는데, 이번에는 이를 능가하는 대학살이 전개된다.

〈람보〉는 정치적으로도 폭력적인 시리즈였다. 첫 번째 시리즈인 〈람보^{First Blood}〉(1982)에서 전 육군특수부대 그린베레인 그는 베트남에서 귀환하여 미국의 어느 시골 마을에 나타난다. 지역 경관에게 학대를 당하고 살인 머신이 된 람보는 혼자서 경찰과 주 병사들을 상대하며 미국을 베트남의 전장으로 바꾸어 버린다. 그리고 마지막에 오열하며 외친다. "나는 조국을 믿고 전쟁에 나갔는데, 정작 조국으로 돌아오니 '살인자'라고 손가락질이나 당하고, 나에게는 이제 갈 곳이 없다!"

〈람보〉와 〈택시 드라이버^{Taxi Driver}〉로 '광기 넘치는 베트남 귀환병'의 이미지가 사람들에게 각인되기 시작했다. 실제로 세 명의 살인범이 베트남 전장에서 생긴 PTSD가 원인이라는 이유로 정상참작을 받았다. 그런데 그 뒤에 세 명 모두 전투 경험이 없다는 사실이 드러났다. 그들은 기지 안에서 후방 근무를 했었다. 실제로 베트남에서 PTSD가 발생한 병사들은 우울증으로 자살을 하면 했지, 람보처럼 살인 머신이 된 사례는 없다(스탤론은 스위스 유학으로 병역기피).

두 번째 시리즈 〈람보 2^{Rambo : First Blood Part Ⅱ}〉(1985)에서 광기 넘치

는 귀환병 람보는 영웅으로 부활한다. 베트남 전쟁이 끝난 후에도 사망 여부조차 확인되지 않은 MIA(전투 중 행방불명) 병사가 2000명에 달했다. 그들은 베트남에서 지금도 포로로 살아가고 있다고 가족들은 믿었다. 그 바람을 이루어 주기 위해 람보는 베트남으로 떠났고, 혼자서 적들을 물리친 후 붙잡혀 있던 포로들을 구출해 냈다. "이렇게 강한 녀석이 있는데 어째서 미국은 베트남에 패한 거야?"라며 태클을 걸고 싶다. 게다가 람보가 구출한 MIA는 존재하지도 않았다. 베트남에서 포로 생활을 했던 매케인 상원의원이 1993년 MIA를 찾아 현지 조사를 실시했지만, 생존자는 없었다고 발표했다.

〈람보 2〉는 레이건 행정부 시절, 보수반동이라는 시대의 흐름을 타고 흥행에 성공했다. 그 기세를 몰아 람보는 세 번째 시리즈 〈람보 3〉에서 아프가니스탄을 침공한 소련군에게 도전장을 던졌다. 람보는 CIA와 함께 소련에 저항하는 이슬람 전사 무자헤딘을 지원한다. 소련이 물러난 뒤, 무자헤딘이 탈레반과 알카에다가 되어 9·11 테러로 미국의 뒤통수를 칠 줄도 모르고….

람보는 시대에 따라 바뀌는 미국인의 바람을 이루어 주기 위해 살인 머신의 스위치를 올렸다. 하지만 너무 깊게 생각할 필요는 없다. 람보의 폭력성은 미국 그 자체일 뿐이니까!

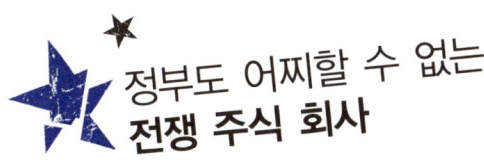

정부도 어찌할 수 없는
전쟁 주식 회사
전쟁 민영화가 양성한 5만 명의 망나니 용병

2007년 9월 16일 일요일 오후 바그다드, 변호사 핫산 자벨^{Hasan} Jaber Salman(37세)은 교통 정체 때문에 시내 한복판에서 꼼짝도 하지 못하고 있었다. 앞쪽에는 커다란 검정색 SUV가 세 대, 그리고 이를 호위하는 장갑차가 길을 막고 있었다. 장갑차 지붕에 타고 있는, 미군 병사처럼 보이는 남자들이 뒤쪽에 있는 자동차를 향해 "저쪽으로 가!"라고 소리쳤다. 하지만 차가 막혀 있어서 움직일 수가 없다. 그러자 병사들은 갑자기 총을 난사하기 시작했다.

"모두들 차에서 내려 도망치려 했습니다."

자벨은 AP통신과의 인터뷰에서 이렇게 말했다.

"머리에 총을 맞은 소년을 보았습니다. 소년의 어머니도 총을 맞았습니다."

자벨도 등에 총을 맞고 쓰러졌다.

결국 이라크 시민 14명이 부상을 당하고 11명이 사망했다. 이 학살은 미군 병사들이 아니라 블랙워터 Blackwater라는 경호 회사의 '경비원'들이 저지른 짓이었다.

블랙워터사는 미 해군특수부대 네이비씰의 퇴역 병사들이 1997년에 결성한 회사이다. 업무는 분쟁 지역에서 정부와 기업의 고위 인사들을 호위하는 것. 2003년 이라크 전쟁 이후 미 정부로부터 약 7억 달러에 달하는 계약금을 받은 블랙워터는 세계 최대의 경호 회사, 아니 용병 파견 회사로 성장했다. 이 회사는 엄연한 군대다. 병사 2만 명에 전투용 헬리콥터 등 항공기를 20기 넘게 소유하고 있을 뿐만 아니라 장갑차까지 직접 개발하고 있다.

이라크에는 이와 같은 세계적인 경호 회사가 50개사 이상 들어와 있고, 약 5만 명이 근무하고 있다. 그들은 모두 제대한 군인이다. 냉전 종식 후 미군의 규모는 축소되었고, 부족한 정규군 병력을 메우기 위해 민간 기업의 참여가 늘어나고 있다. 말하자면 전쟁 하청 업체인 셈이다.

문제는 그들이 국가의 관할권 밖에 있다는 점이다. 미군에게는 말뿐이라고는 해도 '이라크인을 구하러' 왔다는 대의명분이 있지만, 용병에게 돈 이외의 목적은 없다. 민간인 학살 사건에 대해 블랙워터사는 "접근해 온 자동차가 자폭을 하더니 민간인과 경관으로 위장한 게릴라들이 나타나 총격을 가했기 때문에 대응했을 뿐이다."라고 주장했지만, 피해자들과 목격자들은 "그들이 갑자기 총을 쏘아 댔다. 자동차는 자폭한 것이 아니라 총격으로 불이 붙은 것이다. 이라크인은 아무도 총을 쏘지 않았다."고 반론했다.

5월에도 블랙워터의 병사들이 죄 없는 민간인을 사살하는 바람에 분노한 이라크 병사들과 전투 직전 상황까지 갔다.

"그들은 이라크에 증오심을 분출하고 있습니다." 이라크 정부의 고문 자격으로 바그다드에 체류했던 매튜 데그네 Matthew Degn 는 《워싱턴포스트》지와의 인터뷰에서 이렇게 말했다. 데그네는 블랙워터의 호위를 받으며, 그들의 방약무인傍若無人 함을 두 눈으로 목격했다. 데그네를 태운 전투 헬리콥터는 허가도 받지 않은 채 이라크 정부 본부의 상공을 마구 날아다녔는데, 당시 그들은 이렇게 말했다고 한다. "우리는 법망 밖에 있는 사람들이지. 그러니까 무슨 짓을 해도 절대 이라크인에게는 체포되지 않아."

그러나 이 사건으로 인내심에 한계를 느낀 이라크 정부는, 드디어 "이라크에서 블랙워터의 활동을 금지한다."고 선언했다. 당황한 부시는 "그들도 미국 정부가 정한 규칙을 따르게 하겠다."는 말로 일단 진정시켰지만, 그가 말한 규칙에는 "자신의 몸을 지키기 위해서는 규칙을 어길 권리를 인정한다."는 조건이 붙어 있기 때문에 실제로는 아무런 의미가 없다.

레이건 행정부 이후, 공화당은 정부의 업무를 닥치는 대로 민영

화했고, 급기야 군대까지도 아웃소싱해 버렸다. 그런데 이러한 상황
은 결국 용병들이 전장에서 폭행과 약탈을 일삼던 16세기 이전으로
역행하는 것 아닐까?

소련을 무너뜨리고 탈레반을 키운 자

★ 찰리 윌슨의 전쟁

톰 행크스가 실화를 바탕으로 한 영화 〈찰리 윌슨의 전쟁Charlie Wilson's War〉의 영화화 권리를 획득하고 직접 주연을 맡는다고 했을 때, 사람들은 깜짝 놀랐다. 민주당 전 하원의원인 찰스 윌슨Charles Wilson과 민주당을 적극 지지하는 톰 행크스, 두 사람 모두 흑인과 낙태의 권리를 지지하고 총기 규제에 찬성하는 진보주의자이지만 그 외에는 닮은 구석이 전혀 없기 때문이다.

1980년대 의원직에 있던 윌슨(당시 47세)의 별명은 '굿타임(유쾌한) 찰리'. 그는 1년 동안 50회가 넘는 파티에, 미녀 대회 출신의 여성들과 《플레이보이Playboy》지 모델들을 번갈아 에스코트하며 등장했다. 사무실에는 '찰리의 엔젤'이라 불리는 가슴이 빵빵한 미녀들을 상주시키고, "가슴 큰 비서는 타이핑을 할 줄 아는 비서보다 찾기가 어렵다니까."라며 거들먹거렸다. 자택 침실에는 러브호텔을

연상시키는 거대한 원형 침대와 저쿠지^{Jacuzzi}가 있었다. 변태적인 성

행위에 사용하는 수갑이 언론에 공개되기도 했다. 윌슨은 섹스뿐만

아니라 알코올과 코카인 중독자이기도 했다. 이렇게 문란한 정치가

를 왜 하필이면 〈빅^{Big}〉과 〈포레스트 검프^{Forrest Gump}〉에서 선한 이미

지의 주인공을 맡았던 배우가 연기하려 하는가.

사실 이 난봉꾼 찰리야말로 소련을 무너뜨린 영웅이다. CBS 방

송의 프로듀서 조지 크릴^{George Crile}이 2003년에 쓴 《찰리 윌슨의 전

쟁》은, 소련에 맞서 싸우던 아프가니스탄의 이슬람교 게릴라 무자

헤딘을 지원한 비밀 작전에 대해 윌슨이 20년이 지난 뒤에 폭로한

내용을 담고 있다. 난봉꾼 찰리에게 아프간을 지원하도록 한 사람은

그가 동침했던 수백 명의 여성 가운데 한 명인 조앤 헤링^{Joanne Herring}

이라는 대부호 미망인이었다. 영화에서는 줄리아 로버츠가 분한 헤

링이 윌슨과 침대에서 한바탕 작업을 끝낸 후 거울 앞에서 마스카라

를 바르며, "혹시 무자헤딘에 대해 알고 있어요?"라고 묻는다.

헤링은 윌슨과 같은 텍사스 출신으로, '전 세계를 휘젓고 다니는

스칼렛 오하라'로 불리고 있었다. 평생 동안 세 번 결혼했고, 세 명

의 남편 모두 대부호였다. 호화로운 저택에서 열린 '로마 귀족의 혼

음 파티'나 다름없는 서른 번째 생일 파티에서는, 재미로 노예 매매

나 기독교인의 화형 장면을 연출하기까지 했다. 또한 그녀는 낮에

하는 주부 대상 TV 프로그램에서 15년 동안이나 진행을 맡으며, 정

재계政財界의 거물들을 게스트로 초대하여 인맥을 넓혔다. 석유 수입업자인 두 번째 남편과 살 때는 헤링도 중동과 아시아, 아프리카를 돌아다니며 각국 정부의 고위 관직자들과 친분을 쌓았다.

화려한 드레스와 보석으로 온몸을 휘감고 귀족보다 호화로운 생활을 하는 한편 보수적인 기독교 원리주의자였던 헤링은 누구보다도 공산주의를 증오했다. 1979년 중앙아시아에서 이슬람주의 혁명이 확산되는 것을 우려한 소련이 아프간을 침공하자, 의분을 느낀 헤링은 평소 친분이 있던 파키스탄 대통령의 도움을 받아 목숨을 걸고 아프간에 잠입한다. 그리고 소련의 군사용 헬리콥터와 싸우는 무자헤딘의 모습을 카메라맨인 아들에게 촬영하도록 했다. 그녀는 이 필름을 당시 레이건 행정부의 부통령이었던 부시(미국의 41대 대통령)와 공화당 정치가들에게 보여 주며, 게릴라를 지원하도록 요청했다.

지금은 레이건 행정부가 소련에 맞서 싸워서 냉전에서 승리했다고 하지만, 당시에는 소련을 적으로 돌리는 데 주저했다. 그래서 민주당의 윌슨이 헤링을 위해 국방위원들을 설득했고, 마침내 국방예산 심의에서 아프간을 지원하기 위한 '극비' 예산을 통과시켰다. 금액은 연간 7억 5000만 달러에 달했다. 윌슨은 주색을 즐기면서 공산주의의 음모와 싸우는 제임스 본드를 자신과 동일시했다.

이 작전을 수행한 CIA 담당관은 거스트 아브라코토스Gust Avrakotos

라는 그리스 이민 2세였다. 일류 대학을 졸업한 WASP(백인으로서 앵글로색슨 개신교도—옮긴이) 엘리트밖에 없는 CIA에서 이단아 취급을 받던 아브라코토스는 공을 세우는 데 안달하며, 모국 그리스에 반공정권을 수립하기 위해 군사 쿠데타를 조종했다. 그러나 머지않아 군사정권은 무너지고, CIA 주재원들은 그리스의 적으로 지목되어 차례차례 생명을 위협받기 시작했다. 아브라코토스는 하는 수 없이 외국으로 도피했다. 작전 실패로 찬밥 신세가 된 아브라코토스는 아프간 작전으로 재기를 노렸다.

극비 작전인 만큼 미국의 병기를 직접 아프간에 제공할 수는 없었다. 그래서 이스라엘이 포획한 소련제 AK47 라이플을 구입하거나 중국산 가짜 AK47을 파키스탄을 경유하여 아프간으로 반입했다. 탄약은 이집트에서 조달했다. 윌슨은 이집트 국방장관을 접대하기 위해 텍사스의 밸리 댄서를 고용했다. 밸리 댄스는 중동에서 시작되었지만, 이슬람교에서는 금지되어 있었기 때문에 국방장관은 침을 흘리며 좋아했다.

그러나 소련군은 강했다. 그중에서도 무장 헬리콥터 '하인드'는 엄청난 화력으로 산악 지대에 숨어 있던 게릴라를 소탕했다. 급기야 미국은 개발한 지 얼마 되지 않은 지대공 유도 미사일 '스팅거'를 제공하기로 결단을 내렸다. 한 사람이 들고 다니며 발사할 수 있는 스팅거는 단 한 발로 거대한 하인드를 격추시켰다. 하루에 1기 이상의 하인드를 처리하면서 상황은 순식간에 역전되었다. 1989년 소련군은 1만 5000명의 전사자를 낸 뒤 아프간에서 철수했고, 이것은 1991년 소련의 붕괴로 이어졌다. 난봉꾼 의원과 그의 연인, 그리고 무식한 CIA가 세계의 절반을 지배하던 제국을 무너뜨린 것이다.

여기서 끝이라면 할리우드식 해피엔딩이 되겠지만, "막판에 일을 그르치고 말았다."고 윌슨은 분함을 감추지 못한다. 소련군이 철수한 뒤 아프간에서는 무자헤딘의 용사들이 미국으로부터 제공받은 무기를 가지고 패권 다툼을 시작했고, 1998년 최종적으로 정권을 장악한 탈레반은 무자헤딘이었던 오사마 빈 라덴과 손을 잡았다. 그리고 9·11테러를 일으켜 3000명에 달하는 미국인의 목숨을 앗아갔다.

"내 탓이 아니야." 윌슨은 말한다. "소련군이 철수한 뒤에 미국이 아프간을 방치했기 때문이야."

쓰디쓴 교훈을 얻은 그는 부시 행정부가 일으킨 이라크 전쟁을 강력하게 반대하고 있다.

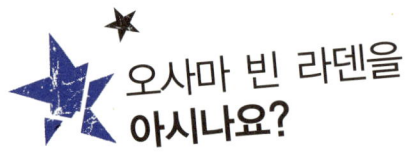

오사마 빈 라덴을 아시나요?

★ 중동 여행으로 미국이 미움받는 이유를 알게 되다

30일 동안 맥도널드만으로 세 끼를 해결하는 다큐멘터리 영화 〈슈퍼 사이즈 미Super Size Me〉(2004)에서 패스트푸드의 위험성을 몸소 체험한 모건 스펄록Morgan Spurlock. 그의 새로운 도전은 더욱 위험하다. 알카에다의 지도자 오사마 빈 라덴을 찾아 나선 것이다!

영화 〈오사마 빈 라덴을 찾아서Where in the World is Osama Bin Laden?〉는 스펄록이 아내에게서 "저, 임신했어요."라는 말을 듣는 장면으로 시작된다. 이제 곧 아버지가 되는 스펄록은 걱정이 많다. 9·11테러 이후, 세계의 테러는 더욱 심각해지고 있다. 그가 살고 있는 뉴욕 또한 공격의 대상이 될지도 모른다. 아이가 태어나기 전에 이 무서운 세상을 어떻게든 하지 않으면 안 된다. 그나저나 어떻게 하지?

뉴스를 보면, 아무래도 빈 라덴이라는 녀석이 모든 악의 근원인 것 같다. 좋아, 그렇다면 내가 찾아내 주마!

스필록은 임신한 아내를 홀로 남겨 둔 채 빈 라덴 사냥에 나선다. 우선 아랍어를 배우고, 전직 병사들이 분쟁 지역으로 출장 가는 사업가나 저널리스트를 상대로 자신을 지키는 방법을 가르치는 대^對테러 학교에서 단련한 다음 이슬람 지역으로 향한다. 그는 지나가는 사람들에게 닥치는 대로 묻는다.

"저기요, 오사마 빈 라덴은 어디 있나요?"

바보! CIA가 7년 동안 스파이 위성을 비롯하여 세계 최신, 최고의 기술을 다 동원하고도 못 잡은 빈 라덴인데, 그런 구석기 시대의 방식으로 잡힐 리가 없잖아!

그렇다. 이것은 우스갯소리일 뿐, 스필록의 진짜 목적은 이슬람 교도의 과격함이 날로 심해지는 이유를 그들의 생활 속에서 찾는 것이다.

"미국이 싫다."고 말하는 이집트 학생에게 이유를 묻자, "무바라크 대통령을 지원하니까요."라고 대답한다. 그렇다. 미국은 무바라크 군사독재정권을 반공, 반이슬람 원리주의라는 이유만으로 지원해 왔다. '적군의 적군은 아군'이라는 논리에 따라, 미국은 과거에도 이란과 대립하는 이라크의 후세인 정권, 소련과 싸우는 아프간의 이슬람 게릴라를 지원했다.

사우디아라비아에서는 마이크를 들이대도 모두들 입을 다물어 버린다. 쓸데없는 말을 했다가는 사상범으로 취급되어 광장에서 참수를 당할 수도 있기 때문이다. 석유로 벌어들인 엄청난 돈은 소수의 부자들이 독점하고, 나머지 사람들은 빈민가에서 흙탕물을 마시며 생활한다. 빈곤의 밑바닥에서, 젊은이들은 이슬람 과격파에 몸을 던진다. 증오는 석유를 노리고 사우디 정권을 지원하는 미국으로 향한다.

드디어 아프가니스탄에 도착한 스펄록은 미군과 함께 탈레반 소탕 작전에 참가한다. 소련의 아프간 침략과 동시에 시작되어 미국의 아프간 침공에 이르기까지 20년 이상 계속되고 있는 전쟁 때문에 아프간은 철저하게 파괴되었지만, 미국은 전쟁만으로도 벅차서 학교와 병원, 수도 시설의 재건에까지 신경 쓸 여력이 없다. 할 일이 없다는 이유로 탈레반에 들어가는 사람들도 끊이지 않는다.

어쨌든 스펄록은 마침내 빈 라덴을 찾았을까? 그럴 리가 없지 않은가. 만약 찾았다면 벌써 빅뉴스가 되었을 것이다. 대신 그가 발견한 것은 '빈 라덴을 잡아도 테러는 끝나지 않는다'는 슬픈 현실이다. 테러의 원인은 자폭도 불사할 만큼 궁지에 몰린 비참한 생활이었다. 이슬람교의 탓이 아니었다.

스펄록이 이번 여행을 통해 깨달은 또 한 가지는 테러리스트들도 자신의 아이들이 굶지 않고 평화롭게 살 수 있는 세상을 바라고 있다는 점이다. 당연한 말씀! 하지만 햄버거나 먹고 있는 머리들로 과연 이해할 수 있을까?

심화되는
빈부 격차

굶주린,
가격 파괴의 대가

폴라로이드의
도산으로 사원
들이 얻은 것

연봉 3만 6000달
러의 애송이가
200만 달러의
주택 대출?

병든 자의 죽음을
외면하는 의료보험이
아닐로 멍들었다

마리화나 판매
원은 셀러브리
티 미망인...

최저임금으로
한 달간
생활할 수
있을까?

마카마운스를
내 집 옆사 참가?

메이드 인 차이나
성조기를 금지하라

미국의 옥수수
받은 일본의
흥연적보다 넓다

"회개하라! 심판의 날이 멀지 않았음이니라!"
벌써 그날이 와 있는지도 모르겠다. 미국의 GDP는 여전히
세계 1위지만, 그 가운데 70퍼센트는 개인 소비. 게다가 무
역수지는 엄청난 적자. 없는 수입에 닥치는 대로 사들
이는 나라가 되어 버렸다. 미국의 소비자가 안고 있
는 부채 총액(신용카드나 자동차 대출금. 주택 대출
은 제외)은 2007년에 2조 4000억 달러가 넘었다.
카드 이용자 가운데 기한까지 지불할 수 없는
사람은 32퍼센트나 된다.

월마트, 가격 파괴의 대가

로컬 비즈니스를 잠식하는 대형 마트

얼마 전 딸의 생일 선물로 30달러짜리 자전거를 구입했다. 30년 전 내가 자전거를 선물받았을 때만 해도 가격이 200달러 정도였던 것으로 기억한다. 요즘 미국의 물가는 정말 싸다. 이게 다 월마트 덕분이다.

1962년 샘 월튼Sam Walton이 창업한 월마트는 철저한 가격 파괴 전략으로 미국 전역에 점포를 확대했고, 현재 미국에만 약 4000개, 멕시코와 영국, 중국 등 해외에 약 1500개가 나가 있다. 2004년 월마트는 2563억 달러의 매출을 올리면서 세계 최대의 기업으로 성장했다.

일용 잡화를 비롯하여 의류, 식품 등 자동차와 부동산을 제외한 모든 제품을 싼값에 판매하는 월마트. 결국 인근의 다른 가게들도 가격을 내릴 수밖에 없었고, 버티지 못한 가게는 파산했다. 물가가 싸다는 것은 정말 좋은 일이다. 그러나 결코 모두가 그렇게 생각하는 것은 아니다.

〈월마트: 가격 파괴의 대가 Wal-Mart: The High Cost of Low Price〉라는 영화가 있다. 월마트의 전 종업원과 관리직 사원들을 대상으로 한 인터뷰를 통해 가격 파괴의 실태를 폭로한 다큐멘터리이다. 17년간 월마트의 관리직 사원으로서 직원 교육을 담당했던 웰돈 니콜슨 Weldon Nicolson은 카메라를 향해 말한다.

"새로운 지역에 점포를 내면, 관리직 사원들은 지역 상점가로 가서 이 가운데 몇 군데가 언제 망할지 내기를 하곤 했습니다."

지역에서 대대로 가게를 운영하던 이들은 월마트에 손님을 빼앗기면서 눈 깜짝할 사이에 파산한다. 마치 폭격을 맞은 것 같다. 약 20년 전부터 작은 마을의 도심지는 모두 유령 마을처럼 변해 가고 있다. 지역의 소규모 가게들이 파산하면서 직장을 잃은 사람들은 월마트에서 일할 수밖에 없다. 그들은 곧 가격 파괴가 가능한 이유를 깨닫게 된다. 월마트 측이 발표한 정사원의 평균 연봉은 1만 9340달러. 미 정부가 규정한 '빈곤 가정'은 연 수입 1만 9350달러가 안 되는 4인 가족이라는데! 게다가 일주일에 34시간 이상 일하고 잔업 수당도 없다. 조합도 없다. 이래서는 월마트의 물건 값이 싼 게 당연하다!

설상가상으로 미국에는 보험료가 비싼 민간 건강보험밖에 없다.

그래서 월마트는 사원들을 위해 보험을 만들었는데, 연봉 1만 7500 달러를 받는 사원들이 지불해야 하는 연간 보험료는 2500달러가 넘는다. 이 때문에 건강보험에 가입한 사원은 절반밖에 되지 않고, 나머지 절반은 빈곤 가정에 해당되어 정부의 의료복지 혜택을 받는다. 생활보호를 받고 있는 종업원은 8퍼센트. 실업자도 아니고 일주일에 6일을 풀타임으로 일하면서도 복지 혜택을 받지 않으면 생활이 안 된다! 그들이 정부로부터 받는 원조 총액은 연간 16억 달러에 이른다. 월마트가 임금으로 지불해야 하는 돈을 세금이 메워 주고 있는 것이다. 한편 월마트 점포들은 '고용을 창출하고 있다'며 지자체로부터 개점 자금을 지원받고 있다. 그 총액은 10억 달러에 달한다.

그렇다면 인정머리 없는 비용 삭감으로 월마트가 벌어들이는 엄청난 수익은 과연 어디로 가는 걸까? CEO 리 스콧Lee Scott의 연봉은 2700만 달러. 창업자인 월튼의 가족 다섯 명이 받는 금액은 각각 약 1800만 달러이다.

영화 〈월마트: 가격 파괴의 대가〉는 전미 각지에서 월마트의 개점을 저지하는 주민 투표가 확산되고 있다는 사실을 소개하고, 참가를 호소하며 끝이 난다. 영화가 개봉되기 직전인 2005년 10월, 월마트 측은 비난을 피하기 위해 건강보험제도의 개선과 임금 인상을 발표했지만, 직후에 월마트의 부사장 수전 챔버스Susan Chambers의 내부 지시가 외부로 유출되는 사건이 발생했다. 연금과 건강보험료를 줄이는 대신에 몸이 약한 사원과 장기근속 사원을 줄이고, 몸이 튼튼한 젊은 사원들만 단기 파트타임으로 고용하도록 지시한 것이다.

〈월마트: 가격 파괴의 대가〉를 제작, 감독한 로버트 그린월드Robert Greenwald는 부시 대통령의 어용 방송국인 폭스뉴스를 비판한 영화 〈여우처럼 교활한 속임수에 당하다: 루퍼트 머독의 저널리즘과의 전쟁Outfoxed: Rupert Murdoch's War on Journalism〉으로 유명한 진보주의자이다. 이 때문에 "이 영화는 좌익의 프로파간다"라며 반발하는 사람도 있다. 보수 성향의 다큐멘터리 영화작가 갤러웨이 형제Ron & Robert Galloway는 곧 월마트를 예찬하는 영화 〈왜 월마트는 성공하며 일부 사람들을 분노케 하는가Why Wal-Mart Works; And Why That Drives Some People C-R-A-Z-Y〉를 만들었다.

나 또한 〈월마트: 가격 파괴의 대가〉는 잘못된 프로파간다 영화라고 생각한다. 왜냐하면 나쁜 것은 월마트만이 아니기 때문이다. 〈슈퍼 사이즈 미〉라는 영화가 개봉되면서 비만 문제의 원흉으로 여겨졌던 맥도날드와 마찬가지로, 월마트는 가격 파괴 전략의 창시자이자 최대 기업이기 때문에 표적이 되었을 뿐 지금은 미국 전역에 퍼져 있는 대형 마트, 아니 모든 대기업이 월마트를 흉내 내고 있다. 중국과 인도, 중남미에서 시급 20센트의 노예노동으로 만들어진 가격 파괴 상품을 가지고 미국 내의 소매업과 생산업을 폭격하고, 직장을 잃은 사람들을 터무니없는 임금으로 고용한다. 저임금 노동력인 빈곤층을 구조적으로 만들어 내고 있는 것이다.

　현재 미국의 수입 격차는 더욱 확대되어, 기업 경영자와 일반 노동자의 임금 격차가 400배에 달한다. 지방에서도 소수의 부유층과 다수의 하류층으로 양분화되면서 중산층이 사라지고 있다. 그러나 부시 행정부가 부자와 대기업을 대상으로 대대적인 감세를 실시하면서, 대부분의 세금은 중산층이 부담하게 되었다. 이 나라, 어쩔 작정인지 모르겠다.

폴라로이드의 도산으로
사원들이 얻은 것

보장 없는 사회, 미국

폴라로이드의 퇴직 사원들이 30년 넘게 근무한 대가로 받은 돈은 겨우 47달러였다. 즉석카메라의 대명사인 폴라로이드는 디지털 카메라의 시대가 도래하면서 2001년 파산했다. 1997년 60달러였던 주가는 최저 수준으로 떨어졌다.

폴라로이드의 현 사원뿐 아니라 전 사원들까지 절망에 빠졌다. 그들은 ESOP(종업원지주제도)에 따라 급료의 8퍼센트로 자사주를 구입하고 있었기 때문이다. 게다가 사원들의 주식 판매는 허용되지 않았다. 주식이 적대적 인수자의 손에 넘어가는 것을 막기 위한 법률 장치 때문이다. 반면 파산관재인은 사원의 주식을 사원의 승낙 없이 매각할 수 있다. 폴라로이드의 전·현직 사원 6000명의 주식은 주당 9센트에 팔렸다. 사원 중에는 무려 20만 달러를 손해 본 사람도 있었다.

심지어 폴라로이드는 파산법에 따라 연금과 건강보험의 지불 의무를 포기했다. 미국에는 후생연금이 없기 때문에 각 기업이 독자적으로 연금을 운영한다. 건강보험도 보험료가 비싼 민간 보험밖에 없기 때문에 기업이 보험료의 일부를 보조하고 있다. 그런데 파산한 회사의 경우, 경영에 부담이 되는 복리후생비를 줄일 수 있도록 파산법에서 허용하고 있다. 결국 곤경에 처한 것은 이미 고령이 된 퇴직 사원들이다. 민간 보험 회사는 의료비의 지출이 많은 노인들의 가입을 받지 않는다. 이 때문에 정부는 노인과 신체장애자를 위한 건강보험인 메디케어를 운영하고 있지만, 보험료를 내야 하는 데다 의료비를 전액 부담해 주지도 않는다. 도산한 기업 대신 연금을 지불해 주는 보험인 PBGC(연금지급보증공사)도 있지만, 매달 몇백 달러밖에 받지 못한다.

폴라로이드는 2002년 OEP^{One Equity Partners}사가 인수했다. OEP는 파산한 기업의 인수를 전문으로 하는 회사로, 인수 가격은 2억 5000만 달러였다. OEP사가 새로이 회장 자리에 앉힌 전 포드자동차 CEO 자크 나세르^{Jack Nasser}는 연금과 보험료의 지불을 포기한 폴라로이드에서 적자 부문을 더 줄이는 한편, 중소 가전업체에 '폴라로이드'라는 상표를 마구 팔아넘기며 저작권 수익을 올렸다.

2년 후 저작권료를 지불하고 있던 미네소타의 한 회사가 폴라로이드를 역매수했다. 가격은 4억 2600만 달러로, OEP가 사들인 가격의 두 배에 가깝다. 주가는 12달러 8센트, 폴라로이드의 사원들이 타의로 팔았던 9센트에서 134배나 뛰었다. 100만 주를 보유하고 있던 자크 나세르는 1200만 달러가 넘는 이익을 챙겼다.

이와 같은 부조리는 폴라로이드뿐만 아니라 전미 각지에 존재한다. 부시 행정부가 들어서면서, 미국을 대표하는 대기업들이 잇따라 파산하기 시작했다. 자동차 업체 빅3로 꼽히는 GM, 포드, 크라이슬러도 멀지 않았다. 테러 이후 항공사들은 고객 감소와 늘어난 보안비용에 시달렸고, 유나이티드 항공과 US 에어웨이의 파산에 이어 2005년에는 유가 급등으로 델타 항공과 노스웨스트가 파산법의 적용을 신청했다. 이 회사들은 모두 가장 먼저 전·현직 사원의 연금과 건강보험료를 삭감했다. 이를테면 유나이티드 항공에서 28년 동안 스튜어디스로 일한 사원은 퇴직하면 매달 2184달러의 연금을 받을 예정이었지만, 파산법에 따라 3분의 1로 감액되어 받을 수 있는 연금은 이제 776달러밖에 안 된다.

마지막 보루였던 PBGC는 이미 4500억 달러의 적자를 떠안고 거의 붕괴 상태에 있다. 연방정부도 연금을 조성하기 위해 기금을 마련하고 있지만, 클린턴 행정부 말기에 100억 달러였던 흑자가 부시 행정부 5년 만에 240억 달러의 적자로 바뀌었다. 메디케어의 대상 인구도 고령화가 진행됨에 따라 국민의 15퍼센트를 넘어섰고, 지출은 연간 3000억 달러에 달해 붕괴 직전이다.

미국에도 사회보장, 즉 국민의 소득에 사회보장세를 부과해서 그 돈으로 운영하는 국민연금제도가 있다. 그런데 사상 최대의 재정 적자로 궁지에 몰린 부시 행정부가 이 국민연금에 손을 대고 말았다! 심지어 부시 행정부는 사회보장세의 4퍼센트를 주식 투자에 의한 개인 운영으로 전환하려 했다. 즉 401K(기업퇴직연금)처럼 만들려는 속셈이었다. 하지만 엔론Enron과 월드콤WorldCom에 맡겨진 막대한 401K는 종잇조각이 되어 버렸다. 부시는 국민에게 '사회보장' 대신 아무런 보장도 없는 도박을 강요했던 것이다. 물론 우리 정부가 미국의 뒤를 좇고 있다는 사실은 두말할 필요가 없다.

결국 폴라로이드의 퇴직 사원 4000명은 연금과 보험료의 지불을 거부한 회사를 고소했고, 마침내 승소했다. 지불된 배상금은 한 명당 47달러였다.

최저임금으로 한 달간 생활할 수 있을까?

워킹 푸어 체험

30일 동안 맥도널드만으로 끼니를 해결하는 체험 영화 〈슈퍼 사이즈 미〉의 모건 스펄록이 진행하는 TV 프로그램이 시작되었다. 이름하여 〈30일 30Days〉… 질리지도 않나!

매주 방영되기 때문에 30일 동안 도전하는 사람은 스펄록이 아니다. 출연료에 눈이 멀어 응모한 일반인이 이슬람교 가정에서 30일 동안 홈스테이를 하거나, 요즘 한창 화제가 되고 있는 회춘 호르몬 주사를 30일 동안 맞는다. 하지만 첫 방송에서는 스펄록이 직접 '최저 생활'에 도전. 최저임금 노동으로 한 달간 생활한다. 그것은 미국의 감추어진 현실을 폭로하는 체험이었다.

장소는 오하이오 주 콜럼버스. 오하이오 주의 최저임금은 전미에서도 가장 낮은 시급 4달러 25센트다(2005년 기준). 최저임금은 주마다 달라서 집세가 비싼 샌프란시스코에서는 시급 8.50달러. 연방

가이드라인이 규정하는 5.15달러는 일본에서 시급이 가장 적은 오키나와의 6달러보다 낮다.

이번에는 스펄록의 연인 알렉스도 동행한다(《슈퍼 사이즈 미》에 출연했던 귀여운 안경잡이!). 스펄록과 알렉스는 달랑 300달러만 들고 콜럼버스에 도착. 우선 지낼 곳을 찾는다. 일거리가 있는 시내의 경우 2인용 아파트의 집세는 최저 월 400달러. 시내에서 멀수록 집세는 싸지만 교통비가 든다. 마침내 두 사람은 일용직 노동자들과 노숙자들이 주로 이용하는 '싸구려 여인숙'을 찾아낸다. 옆집은 크랙(코카인의 한 종류) 밀매소. 집세는 300달러. 단, 한 달치 집세를 보증금으로 지불해야 한다. 가난뱅이를 상대로 하는 장사이기 때문에 집주인은 우선 200달러만 내고 나머지 400달러는 나중에 갚는 조건으로 방을 빌려 준다.

다음은 중앙고용정보원에서 일을 소개받는다. 알렉스는 레스토랑에서 설거지를 하고, 스펄록은 가구를 옮기는 육체노동을 한다. 스펄록은 아침 6시에 출근하기 때문에 수당이 붙어 시급 7달러. 와, 이 정도면 빚도 금방 갚을 수 있겠다.

스펄록은 직장에서 40년 동안이나 최저임금을 받으며 일하고 있는 제럴드를 만난다. "옛날에는 이런 일을 해도 충분히 먹고살 수 있었는데 말이야."

미국 노동자의 임금이 물가 대비 최고였던 1960년대는 공장 노동자도 중산층의 생활이 가능했다. 그러나 그 후 노동자의 임금은 꿈쩍도 안 하고 물가만 계속 올랐다. 게다가 최저임금은 1997년부터 전혀 오르지 않고 있다. 1999년부터 계속되고 있는 불황 때문에 기업에 부담이 되는 인건비는 인상되지 않고 있는 것이다. 이렇게 해서 워킹 푸어(근로 빈곤층)가 늘어나기 시작했다. 아침부터 밤까지 일을 해도 연 수입이 2만 달러도 되지 않는 가구는 현재 전미에서 3000만 이상. 무려 전체 인구의 12퍼센트가 넘는다.

스펄록은 최저 생활에서 살아남기 위해 온갖 방법을 다 동원한다. 알렉스가 가게에서 팔다 남은 음식을 받아 와서 먹고, 푸드 트럭(유통기한이 지나거나 흠집이 난 슈퍼마켓의 식품을 빈곤층에게 나누어 준다) 앞에 줄을 선다. 테이블과 침대, 옷은 교회나 구세군에게서 받아 온다. 이렇게 하면 두 사람이 한 달에 1000달러만 벌어도 남는 장사다!

하지만 김칫국은 금물. 9일째가 되던 날, 익숙하지 않은 육체노동으로 모건은 손목을 접질리고 만다. 금세 색깔이 변하며 부어오르는 손목. 산업재해로 처리하려 해도 일용직이기 때문에 재판을 해야 한다. 일할 수도 없고 병원에도 갈 수 없다. 미국에는 국민건강보험이 없고, 대신 월 200달러가 넘는 민간 보험만 있기 때문에 국민의 15퍼센트 이상이 건강보험에 가입되어 있지 않다. 모건은 빈곤층을 대상으로 하는 무료진료소(하루 20명까지)로 달려가지만, 불행은 동시에 찾아온다고 했던가. 이번에는 알렉스가 방광염에 걸리고 만다. 샤워기밖에 없는 지저분한 아파트 때문인지, 스트레스 때문인지…. 어쨌든 병원에서 항생제를 받아 오지만, 그 가격은 총 400달러. 이제 한계다.

결국 30일이 지나고 체험이 종료된 시점에서 의료비, 광열비, 집세 등 지불해야 할 돈이 총 800달러나 됐다. 스펄록은 이제 풍요로운 생활로 돌아가면 그만이지만, 3000만 워킹 푸어는 어찌하면 좋단 말인가. 일단 병에 걸리면 노숙자로 전락. 아이가 있는 가구나 미혼모의 현실은 더욱 가혹하다. 교육에 쓸 돈도, 여유도 없다. 아이들은 학력 사회에서 낙오되고 빈곤은 재생산된다. 최악의 경우 범죄자가 된다.

3, 4대를 거슬러 올라가 보면, 미국인의 절반은 글을 모르는 이민자 또는 빈농이었다. 그때부터 열심히 일을 해서 집을 사고 아이들을 대학에 보내며, 사회의 피라미드를 힘겹게 올라왔다. 그러나 때때로 누군가가 그 사다리를 치워 버린다. 1980년대 레이건 행정부는 자력갱생이라는 이름 하에 빈곤층에 대한 복지를 축소한 반면, 기업과 자본가에 대해서는 오히려 면세를 실시했다. 기업은 대대적인 구조 조정을 단행하고, 생산 기반을 저임금 국가로 옮겨 갔다. 이렇게 해서 레이건 취임 당시 1대 40이었던 노동자와 경영진의 연봉 격차는 임기가 끝날 무렵 1대 180으로 확대되었다.

현재 미국 국민의 총수입 중 97퍼센트를 상위 20퍼센트의 부유층이 독점하고 있다. 국민 전체의 평균 수입은 약 4만 5000달러지만, 임금 격차가 200배나 되는 상황에서 평균 수입은 아무런 의미가 없다. 더욱이 부시 행정부는 사고 등으로 일을 하지 못하는 국민의 '안전망'인 사회보장제도를 세금이 아니라 주식으로 운용하려고까지 했다.

최저임금은 그대로 둔 채 보험과 보장, 복지를 돌보지 않는 정책은 빈곤층이 중산층으로 성장할 가능성마저 빼앗아 버린다. 물론 사회에는 최저임금 노동자가 필요하다. 공장은 인도나 중국으로 나간다고 해도, 웨이트리스나 호텔 청소 같은 서비스업은 그럴 수도 없다. 돈을 벌기 위해 빈곤국에서 온 노동자를 고용할 것인가, 자국민을 가난뱅이로 만들 것인가.

참고로 얼마 전 세계적인 투자은행 모건 스탠리의 사장 스티븐 크로포드 Steven Crawford가 임기 3개월 만에 '실적 부진'을 이유로 사임했는데, 퇴직금으로 받은 돈이 3200만 달러였다고 한다. 실적 부진인데 3200만 달러? 3개월 동안? 도대체 아메리칸 드림이란 무엇일까?

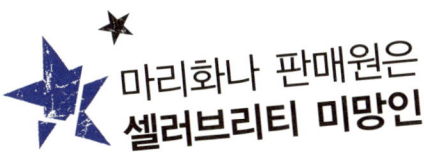

마리화나 판매원은 셀러브리티 미망인

병이나 이혼으로 순식간에 전락하는 격차 사회

우리 집 근처에 미망인이 살고 있다. 소문에 의하면, 그녀는 남편을 잃고 나서 생활비를 벌기 위해 각성제를 만들고 있다고 한다. 각성제인 메탄페타민은 감기약만 있으면 가스레인지와 냄비로 쉽게 정제할 수 있다. 폭발 위험이 있긴 하지만, 몇 달러짜리 약을 몇십 배 가격에 팔 수 있다. 미망인에 관한 소문의 진상은 알 수 없지만, 실제로 가정에서 운영하는 각성제 제조 공장이 전미로 확산되면서 심각한 사회문제로 떠올랐다. 최근에는 감기약을 살 때도 신분증이 필요하다.

이곳 오클랜드에는 노동자층이 많기 때문에 각성제가 잘 팔린다. 격차 사회인 미국에서는 계층별로 마약을 사는 곳도 다르고 마약의 취향도 다르다. 극빈층과 노숙자는 크랙이나 헤로인, 부자들은 코카인과 향정신약, 중산층은 마리화나를 찾는다.

학교 또한 지역별로 수준이 극단적으로 다르다. 우리 집 근처에 있는 학교의 학력 수준은 미국에서도 최저. 교실에서는 에보닉스(흑인 영어)와 스페인어가 종종 들려온다. 딸아이의 반 친구들을 보면, 가족 중 누군가는 전과자다. 아이들을 좋은 공립학교에 보내기 위해서는 이사할 수밖에 없다. 그래서 요즘 나는 중산층이 많이 사는 외곽 주택지의 집들을 보러 다니는 중이다.

외곽에는 비슷한 모양의 새집들이 들어서 있고, 정원의 잔디도 깔끔하게 정돈되어 있다. 차는 렉서스나 볼보뿐. 하지만 아무리 안전한 마을이라고 해도 마약은 존재한다. 물론 처음에는 전혀 알 수 없다. 이웃과의 교류가 활발해지고, 아이들을 함께 놀게 하거나 홈파티, 한밤중에 즐기는 포커게임 등을 하며 마음을 터놓고 지내게 되고, 신뢰할 수 있는 사람이라고 생각될 때 비로소 "그건 그렇고, 이거 좀 나누어 줄까?"라며 부부의 침실에서 지퍼락에 들어 있는 마법의 풀을 가지고 나온다.

이러한 일상의 이면을 다루어 인기를 끌고 있는 드라마가 있다. 케이블 채널 쇼타임에서 방영하는 홈 코미디 〈위즈Weeds〉. 여주인공 낸시는 캘리포니아 외곽의 주택지에 살고 있는 전업주부인데, 어느 날 남편이 조깅을 하던 중에 쓰러져 죽고 만다. 들어 놓은 보험도 없고 수입도 없다. 하지만 아들을 위해 집과 학교만은 포기할 수 없다. 낸시는 흑인 빈민가에 가서 싼값에 마리화나를 들여온 후, 사친회에서 알게 된 아버지들에게 팔아서 생계를 꾸려 간다.

남 말하기 좋아하는 이웃 주부들에게 들키지 않으면서 장사를 계속하기란 쉽지 않다. 게다가 캘리포니아 주에서는 우울증 환자 치료용으로 마리화나가 합법화되어 있기 때문에 면허를 가진 경쟁자도 있다. 낸시는 정성을 '듬뿍' 담은 수제 쿠키(마리화나를 넣은)로 단골 고객을 확보한다. 그런데 낸시의 장사가 잘되기 시작하자 이번에는 마리화나 제조업자가 도매가를 올린다. 낸시는 큰맘 먹고 직접 마리화나를 재배하기 시작하지만, 조직폭력배들이 "누구 허락 받고 장사하는 거야?"라며 목숨을 위협해 온다.

양심의 가책에 시달리면서 수렁으로 치닫는 낸시를 보며, 시청자들은 쓴웃음을 지으면서도 자신도 모르는 사이에 응원을 보낸다. 그녀는 남편의 죽음이나 이혼으로 순식간에 전락하여 두 번 다시 올라갈 수 없는 격차 사회의 공포와 싸우고 있다. 우리 집 근처에 살고 있는 미망인도 어쩌면 또 한 명의 낸시일지도 모르겠다.

연봉 3만 6000달러의 애송이가
200만 달러의 주택 대출?

서브프라임 모기지론, 엉터리 대출의 실태

유럽의 소작인들과 가난한 사람들이 모여 사는 미국에서 '아메리칸 드림'이란 무엇보다도 먼저 자기 집을 갖는 것이다. 부시 대통령이 2004년에 제창한 저소득층 대상의 주택구입지원정책의 이름도 '아메리칸 드림 이니시어티브'였다. 그런데 아메리칸 드림이 흔들리기 시작했다. 2001년부터 2005년까지 계속된 전례 없는 부동산 거품이 꺼져 버린 것이다.

발단은 다른 분야에서 발생한 거품 붕괴였다. 2000년 IT 거품이 붕괴되면서 주식 시장이 폭락했다. 정부는 경기 활성화를 위해 금리를 사상 최저 수준까지 끌어내렸다. 대출금리도 낮아졌기 때문에 너도나도 집을 사기 시작했다. 자기 집을 장만하려는 사람뿐 아니라 주식을 대신할 투자 대상을 찾고 있던 사람들까지 주택 시장으로 몰려들었다. 주식과 달리 미국의 땅값은 지금까지 폭락한 적이 거의 없었기 때문이다. 리폼을 하면 중고 주택의 가치도 떨어지지 않는다. 즉 집은 리스크 제로의 투자 대상이다! 너나 할 것 없이 집을 구입했고, 집값은 천정부지로 치솟았다.

캘리포니아에는 2001년부터 4년 동안 집값이 무려 60퍼센트나 오른 지역도 있다. 이를테면 우리 집 맞은편에 살고 있는 돈 씨는 1995년에 15만 달러를 주고 구입한 집을 2005년 40만 달러에 팔았다!

골드러시에 참가하지 못한 저소득층은 뒤늦게 후회하기 시작했다. 나 역시 2000년 캘리포니아 주 오클랜드에 집을 구입했는데, 당시 대출 심사가 여간 까다로운 게 아니었다. 예금 잔고와 연 수입 증명서, 신용카드 사용 내역서뿐만 아니라 가스, 수도, 전기 등의 공공요금을 지난 3년간 빠짐없이 지불했다는 증명서, 아내가 다니는 회사의 상사가 써 준 편지까지 요구했다. 나는 몇 군데의 대출 회사에서 거절당한 끝에 겨우 대출을 받을 수 있었다.

그런데 2002년부터 주택 대출의 기준이 급격히 낮아졌다. 연 수입이 4만 달러밖에 되지 않아도 40만 달러의 대출을 받을 수 있게 되었다. 대출 회사는 갖은 방법을 동원하여 대출 고객을 늘리기 시작했다. '계약금'이 필요 없는 것은 당연하고, 금리가 낮은 '변동금리 대출', 이자만 상환하면 되는 '이자만 대출', 은행 잔고와 연 수입 등을 자진 신고하면 서류 심사 없이 돈을 빌려 주는 '자진 신고 대출'등 이른바 서브프라임(비우량) 대출이 대폭 늘어났다. 물론 이와 같은 대출은 리스크가 높다. '변동금리 대출'은 금리에 따라 이자율이 달라진다. '이자만 대출'은 5년째부터 원금 상환이 시작된다. '자진 신고 대출'은 수입을 많이 신고할수록 감당할 수 없는 대출을 떠안게 된다. 그러나 집값이 지금처럼 올라만 준다면, 그 차액으로 이익을 남겨서 상환할 수 있다. 모두들 그렇게 믿고 있었다. 대출해 주는 사람도, 대출 받은 사람도….

이 엉터리 대출의 배후에서는 투기꾼들이 움직이고 있었다. IT 거품이 붕괴된 후, 투자은행은 주택 거품을 타깃으로 삼았다. 주택 대출을 증권화해서 파생금융상품으로 만들어 버린 것이다. 그리고 모기지 회사에는 "대출을 계속 늘리면 얼마든지 사 주겠어."라며 대출을 부추겼다. 수요가 충분했기 때문에 모기지 회사는 닥치는 대로 돈을 빌려 주었다. 투자은행은 높은 리스크를 조각내서 다른 상품으로 분산하는 방식으로 '희석'시켰다. 이러한 방식이 전 세계로 확산되었다.

케이시 세린도 서브프라임에 동참한 사람 중 하나였다. 십 대에 우즈베키스탄에서 부모님과 함께 미국으로 건너온 세린은 24세, 연봉 3만 6000달러의 웹디자이너로, 2만 달러의 신용카드 부채를 떠안고 있었다. 어느 날 그녀는 로버트 기요사키^{Robert T. Kiyosaki}의 《부자 아빠 가난한 아빠^{Rich Dad Poor Dad}》를 읽고 깨달았다. 투자라는 머니게임에 끼어들지 않으면 아메리칸 드림을 이룰 수 없다는 사실을. 세린은 우선 새크라멘토에 36만 달러짜리 집을 구입했다. 자진 신고 대출, 일명 '거짓말쟁이 대출' 덕분이다. 그녀는 불과 1년 만에 일곱 채의 집을 더 구입했다. 이 집들을 하나씩 전매하면 억만장자가 된다. 무無에서 부富를 창조하다니, 그야말로 와라시베 갑부(일본의 전래동화로, 한 올의 지푸라기로 시작해 다섯 번의 물물교환을 거쳐 초가를 얻게 된 소년의 이야기―옮긴이)다!

그러나 이미 거품은 꺼진 상태였다. 세린은 구매가보다도 낮은 가격에 겨우 세 채를 팔았고, 나머지 다섯 채는 은행에 압류당했다. 세린은 파산하기까지의 과정을 처음부터 끝까지 블로그에 공개했다. 사람들은 무일푼의 애송이에게 무려 200만 달러나 대출해 준 대출업계에 기가 막혀서 입을 다물지 못했다.

부시 행정부와 공화당은 금융업계가 멋대로 날뛰도록 내버려 두었지만, 2006년 가을 의회를 장악한 민주당이 엉터리 대출을 법률로 규제하기 위해 움직이기 시작했다. 너무 늦었잖아! 서브프라임 대출을 받은 사람은 전체 대출자의 30퍼센트를 넘어섰으며, 이미 대다수가 상환 불능 상태에 빠져 집을 압류당했다. 어리석은 녀석들이라고 비난해서는 안 된다. 미국인들이 노후에 의지할 데라곤 집밖에 없었던 것이다.

연금을 파산으로 몰고 간 부시 대통령은 '오너십 소사이어티(소유 사회)' 정책에서, 노후는 연금이 아니라 투자를 통해 스스로 책임지라고 호소했다. 그러나 IT 거품이 붕괴된 후, 더 이상 주식 투자를 믿을 수 없게 되었다. 부동산만이 신뢰할 수 있는 유일한 투자 대상이었다. 그마저도 사라진 지금, 서브프라임의 붕괴는 금융 위기로까지 확대되어 달러 가치가 하락하고 주가도 떨어졌다. 결국 이 거품으로 이익을 본 사람은 부동산 업자뿐이다. 그런데도 질리지 않았는지, 미국인은 또 다른 거품을 찾아 끝없이 부풀린다. 그것이 터질 때까지….

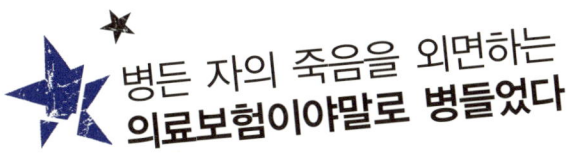

병든 자의 죽음을 외면하는
의료보험이야말로 병들었다

마이클 무어의 〈식코〉가 폭로하는 것

"선진국 중에서 유일하게 국민건강보험이 없는 나라, 그것은 바로 세계 최강국인 미국입니다!"

2007년 6월 26일 로스앤젤레스 시청 앞 광장, 마이클 무어가 지나가는 사람들을 향해 열심히 외쳤다. 이것은 국민건강보험의 실현을 요구하는 집회로, 무어의 신작 〈식코Sicko〉의 개봉을 사흘 앞둔 날이었다.

식코란 Sick(질병)에서 파생된 슬랭으로 '병든 녀석', '정신 나간 녀석'이라는 뜻이다. 다큐멘터리 영화작가인 무어는 〈볼링 포 콜럼바인Bowling For Columbine〉(2002)에서 총기 사회를, 〈화씨 9/11Fahrenheit 9/11〉에서 부시 행정부와 이라크 전쟁을 다루며 미국의 병리를 파헤쳐 왔는데, 신작 〈식코〉에서는 병든 사람들을 치료해야 하는 의료제도가 병들었다는 어처구니없는 현실을 고발한다.

미국의 의료보험은 모두 민간 기업이 운영하는 보험이다. 보험료는 연평균 3500달러. 인구주택총조사에 따르면, 미국에는 연 수입 2만 달러도 되지 않는 빈곤층이 3800만 명이나 존재한다. 그들이 가족 세 명분의 보험료로 1만 달러 이상을 지불하는 것은 불가능하다. 게다가 블루칼라의 직장은 종업원의 의료보험을 부담하지 않는 경우가 많다(1980년대 미국의 노동조합이 붕괴되었기 때문이다). 이렇게 해서 미국의 전체 인구 약 3억 명 가운데 6분의 1에 해당하는 약 5000만 명이 의료보험에 가입되어 있지 않고, 연간 약 2만 명이 의료 혜택을 받지 못한 채 목숨을 잃어 가고 있다.

1997년 WHO(세계보건기구)가 세계 각국의 의료제도에 대해 기능성과 평등성을 종합하여 순위를 매긴 결과 일본은 세계 10위, 미국은 36위였다. 선진국 가운데 최저 수준이다.

〈식코〉에서는 무어가 인터넷을 통해 전미에서 모집한 의료보험 제도 피해자들이 차례차례 등장한다. 한 남성은 나무를 자르다가 사고로 왼손 중지와 약지를 잃었다. 그러나 보험에 가입되어 있지 않은 그는 '중지 봉합은 6만 달러, 약지는 1만 2000달러'이라는 말을 듣고, 결혼반지를 끼는 약지를 선택하는 대신 중지를 포기했다.

"하지만 이것은 그와 같이 보험에 가입할 수 없는 사람들에 관한 영화가 아닙니다."

무어의 내레이션이 흘러나온다.

"꼬박꼬박 의료보험료를 내고 있는 중산층 사람들에 관한 영화입니다."

엣? 보험에 가입되어 있다면 아무 문제도 없는 것 아닌가? 그렇다. 모두들 그렇게 믿고 있었다. 그런데 미국인의 절반이 가입되어 있는 보험은 우리가 알고 있는 보험과는 약간 다르다. HMO(건강관리기구)라는 시스템에 따라 의사의 보수를 보험 회사가 지불함으로써, 의료 내용을 보험 회사가 관리하는 매니지먼트 케어(관리의료)를 실시한다. 이렇게 설명해도 감이 잘 안 잡히리라 생각하지만, HMO에 가입되어 있는 미국인들 역시 감을 잡지 못한다. 자신이 실제로 참혹한 꼴을 당할 때까지는….

일례로 피어스 씨의 남편은 백혈병으로 골수이식만 하면 완치될 가능성이 있었다. 그러나 보험 회사는 "가능성이 있는 것만으로는 불확실하고, 지나치게 실험적"이라는 이유로 수술을 허락하지 않았다. 피어스 씨의 남편은 사망했다.

의사는 치료의 질과 양에 상관없이 HMO로부터 일정한 급료를 받고, 투약과 치료를 거부할수록 보험 회사의 지출을 줄여 준 데 대한 감사의 뜻으로 장려금을 받는다. 마찬가지로 보험 회사의 직원 또한 투약과 치료를 거부할수록 급료가 올라간다. 의학 지식도 없는 주제에 환자를 만나 보지도 않고, 치료 거부를 남발하고 있는 것이다!

나 또한 HMO에 가입하려고 한 적이 있는데, 보험 회사 직원이 본인과 가족의 병력을 전부 적으라기에 한참 동안 전화기를 붙들고 이런 대화를 주고받았다.

"만약 제가 10년 전에 천식을 앓았다고 적으면 보험에 가입할 수 있나요?"

"안 될지도 모르겠군요."

"그럼 적지 않으면 어떻게 되나요?"

"병력을 감춘 것이 되기 때문에 계약은 무효가 됩니다."

어쩔 수 없이 솔직하게 적어서 신청했더니, 보기 좋게 가입을 거부당했다. 병에 걸리기 쉬운 사람은 보험에 가입할 수 없다는 엄청난 모순! 〈식코〉에는 보험 회사가 고용한 프로가 등장해서 환자의 병력을 속속들이 조사한다. 가령 교통사고 수술비를 지급할 때, 보험에 가입하기 전의 병력으로 피부병에 걸렸던 사실 등이 누락되어 있으면 HMO는 수술비를 지급하지 않는다!

남편은 심장병, 아내는 암에 걸려 치료를 받은 한 부부는 보험 회사로부터 두 사람 모두 보험 가입 전에 발병했다는 이유로 지급을 거부당했다. 본인들은 병에 걸린 줄도 몰랐는데 말이다. 두 사람은 거액의 치료비 때문에 집을 빼앗기고 노숙자가 되었다. 참고로 미국의 의료비는 전 세계에서 가장 비싸다.

과거에는 민간 보험이라고 해도 이렇게까지 치료를 거부하는 일은 없었다. 1970년대 닉슨 행정부 시절에 확대되기 시작한 HMO는 국민들로부터 보험료를 받고 치료비를 최소한으로 줄임으로써 이익을 올렸다. 그러면서 석유와 군수산업에 필적하는 산업으로 성장했다. 물론 국민이라면 누구나 가입할 수 있는 보험제도를 정부가 운영해야 한다고 주장하는 정치가도 있었다. 1990년대 클린턴 행정부 시절, 힐러리 여사는 국민건강보험의 실현을 위해 노력했다. 그러나 의회의 다수를 차지한 공화당은 "정부가 건강보험을 운영하면 세금을 늘려야 한다. 게다가 너무 사회주의적인 발상이다. 빨갱이가 되느니 차라리 병으로 죽는 편이 낫다."며 국민들을 위협했고, 법안을 누더기로 만들었다. 실제로는 보험 회사의 정치헌금과 정치권의 낙하산 인사가 목적이었지만 말이다.

〈식코〉의 후반부에서 무어는 9·11테러 현장에서 사체 회수 자원봉사를 하던 중 분진에 노출되어 후유증에 시달리는 사람들을 쿠바로 데려간다. 사회주의 국가 쿠바에서는 누구에게나 무료로 의료 서비스를 제공하기 때문이다. 쿠바의 의료 서비스는 적국인 미국의 국민에게도 예외를 두지 않는다. 미 정부는 쿠바 입국을 금지하고 있기 때문에 〈식코〉의 촬영은 불법행위라고 경고했다. 또한 국민건강보험에 반대하는 세력은 사회주의를 찬미하는 거냐며 무어를 비난했다.

쿠바의 등장은 확실히 효과가 있었다. 〈식코〉에도 나오지만, 미국을 제외한 선진국, 즉 인접국인 캐나다를 비롯하여 프랑스, 일본 모두 국민건강보험제도를 실시하고 있지만 공산주의 국가는 아니다. 국민건강보험제도를 실시하고 있는 오스트리아 출신의 아놀드 슈왈제네거는 캘리포니아 주지사이자 공화당원이지만, 우선 자신의 주에서만이라도 공적건강보험을 실시하기 위해 검토 중이다. 2008년 대선에 출마한 민주당 후보들, 즉 힐러리를 비롯한 모든 후보들이 국민건강보험을 공약으로 내걸었다. 〈화씨 9/11〉로 이라크 전쟁을 막지 못했던 무어가 〈식코〉로는 건강보험을 실현시켜 미국의 역사를 바꿀 수 있을까?

"제 할아버지와 아버지 모두 자동차 공장의 노동자였습니다." 집회에서 무어가 말했다.

"그때는 공장이 보험료를 부담했습니다. 그리고 의사가 치료를 거부하는 일도, 병에 걸려 노숙자가 되는 일도 없었습니다. 그때의 미국으로 돌아갑시다."

그런데 집회에 방해꾼이 나타났다.

"이자들은 빨갱이다!" 노숙자로 보이는 남성이 소리를 지르며 난입하는 것을 경비들이 막았다. 그는 건강보험에 가입되어 있는 것처럼 보이지는 않았다.

일본에서는 현재 건강보험을 민영화하겠다는 얘기가 없지만, 우정공사 때처럼 일본으로 시장을 확대하려는 보험업계가 미 정부를 부추겨서 일본에 건강보험 민영화와 HMO의 도입을 요구해 올지도 모른다. 국가의 의무인 국민의 복지까지 계속 영리단체에 맡기다가는 분명 제2의 콤슨 사태(일본 최대의 방문개호업체, 즉 노인재가서비스업체인 콤슨이 인력을 확보하지 않은 채 허위로 회사를 운영하며 수억 엔의 정부 지원금을 횡령했던 사건—옮긴이)를 초래하게 될 것이다.

메이드 인 차이나
성조기를 금지하라
★ 미국도 중국산 앞에서는 속수무책

　미국인은 정말 국기를 좋아한다. 조사에 따르면, 7월 4일 독립기념일에 집에 국기를 다는 미국인은 전체 인구의 62퍼센트라고 한다. 일본에서는 국경일에 일장기를 걸면 이웃 사람들이 이상한 눈으로 쳐다보겠지만, 미국에서는 아무도 신경 쓰지 않는다. 우익이든 좌익이든, 백인이든 흑인이든, 아시아인이든 라티노(라틴아메리카계 시민)든 모두 성조기를 걸기 때문이다.

　일본과 미국의 국민들은 각자의 국기를 보면서 전혀 다른 이미지를 떠올린다. 일장기는 과거의 전쟁 때문에 야마토大和민족주의라든지 전체주의의 이미지를 갖게 되었지만, 성조기는 독립선언에 나와 있는 '만인의 자유와 평등'을 상징한다. 그런 까닭에 흑인과 아메리카인디언의 해방운동이나 반전집회에도 성조기를 들고 나간다. 얼마 전 불법이민에 대한 법 규제 강화를 반대하는 시위운동에서도,

멕시코계 사람들이 멕시코의 국기와 함께 성조기를 들고 있었다.

사실 흑인과 아메리카인디언, 멕시코인은 미국이라는 나라에 짓밟혀 왔다. 그러나 미국의 이념인 독립선언은 세계 최초의 인권선언으로서 모든 인민의 권리를 보장한다. 그렇기 때문에 피억압자들은 미국 체제를 향해 성조기를 들이민다.

"이 깃발의 이상을 실현하라."

그러나 개중에는 성조기에 분풀이를 하며 태워 버리는 사람도 있다. 베트남 전쟁 때에는 반전 시위에서 종종 성조기를 불태웠다. 공화당이 의회에서 국기의 손상을 금지하는 조항을 헌법에 추가하려 했지만, 대법원은 '표현의 자유'를 침해하는 것이라며 위헌 결정을 내렸다(물론 직접 구입한 국기의 경우다).

성조기는 자신을 불태우는 자유까지도 보장해 준다! 이 노가드 전법(가드를 완전히 내리고 상대를 유인하는 방법—옮긴이)으로 성조기를 손상시키는 행위는 무력화되었다. 일본 정부도 국기를 강요하는 것은 역효과만 불러올 뿐이라는 사실을 깨달아야 한다.

그런데 요즘 특정 종류의 성조기를 금지하는 움직임이 확산되고 있다. 미네소타 주에서는 미국에서 성조기가 아니면 판매하지 못하도록 하는 법률이 가결되었다. 위반 시 최고 1만 달러의 벌금 또는 90일간의 금고형에 처해진다. 이 법안을 제출한 사람은 민주당 소속 주의원 톰 루카비나^{Tom Rukavina}. 그는 9·11테러 희생자의 추모 집회에 걸린 성조기가 중국산이라는 사실을 알고 충격을 받았다. 9·11테러 이후 미국인의 애국심이 고양되고 있음을 느낀 중국 사업가들은 철야 작업까지 불사하며 성조기를 대량생산했고, 2001년에만 무려 5170만 달러에 달하는 성조기를 수출했다. 설마 테러리스트들까지 중국을 부자로 만들어 줄 줄이야.

애완견 사료나 치약과 달리 성조기는 메이드 인 차이나라고 해도 그다지 위험하지는 않겠지만, 루카비나 의원은 "중국의 싸구려 성조기가 미국의 성조기 제작업자들로부터 일을 빼앗아 가는 상황을 창피하게 생각해야 한다."고 호소했다. 국내 노동자를 지키는 민주당다운 발언이다. 한편 공화당 의원들은 자유 시장을 지키고 세계화를 인정하는 입장에서 "자유의 상징인 성조기가 전 세계에서 만들어지고 있는 상황을 기뻐해야 한다."며 그의 주장에 반대했지만, 법안은 미네소타 의회를 통과했고 테네시와 뉴저지 등에서도 같은 법률이 시행되고 있다.

그러나 성조기만 메이드 인 USA를 부르짖는다고 뭐가 달라질까. 현재 미국의 자동차 회사는 공장을 캐나다와 멕시코로 옮겨 버렸다. 그곳에서는 노동자의 건강보험료를 세금으로 충당하기 때문이다. 크라이슬러도 중국 생산을 발표했다. 결국 일을 빼앗긴 미국인에게 고용을 제공하는 애국적인 기업은 도요타와 혼다 같은 외국계 자동차 공장뿐이다.

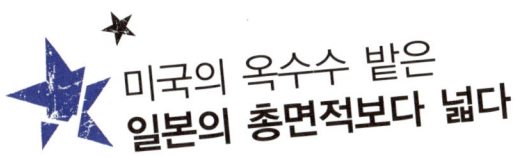

미국의 옥수수 밭은
일본의 총면적보다 넓다

옥수수에 편중된 농업 행정은 냉전의 산물

자동차를 타고 미국을 횡단하던 중에 사우스다코타 주에서 옥수수 저택을 보았다. 옥수수를 팔아서 번 돈으로 지은 저택이 아니었다. 러시아의 궁전처럼 거대한 건축물의 벽면을 타일 대신 수십만 개의 옥수수 이삭이 장식하고 있었다. 옥수수 알이 달려 있는 상태였기 때문에 새들이 뜯어먹고 있었는데, 해마다 새로운 이삭으로 바꾼다고 한다.

이 정도로 미국에는 옥수수가 남아돈다. 콜로라도, 캔자스, 아이오와의 고속도로를 달리다 보면 가도 가도 끝없이 옥수수 밭이 펼쳐져 있다. 수확기에는 저장고를 채우고 남은 옥수수로 10층 건물 높이의 산을 쌓는다. 미국의 연간 옥수수 생산량은 2.5억 톤. 경작 면적은 약 38만 평방킬로미터. 일본의 총면적보다 넓다!

이러한 농산물의 과잉생산을 고발하는 다큐멘터리 영화〈킹 콘

King Corn)이 개봉되었다. 미국 최대의 옥수수 생산지인 아이오와 주 출신의 청년 두 명이 선조의 땅에서 1에이커(약 4047평방미터)의 밭을 빌려 옥수수를 재배하고, 그 모든 과정을 비디오카메라에 담았다.

태어나서 처음으로 농업을 체험한 두 청년은 옥수수를 재배하는 일이 너무나 쉽다는 사실을 깨닫고 놀란다. 기계만 빌리면 손을 더럽히는 일 없이 3만 개나 수확할 수 있다. 유전자조작 옥수수이기 때문에 벌레 먹을 걱정도 없다. 게다가 경비는 1년을 통틀어 겨우 350달러. 문제는 옥수수가 너무 많이 생산되어 가격이 싸다는 것. 25킬로그램당 3달러 정도이기 때문에 3만 개를 수확해도 350달러. 벌이가 안 된다! 그래도 괜찮다. 적자가 난 만큼 정부가 조성금으로 보상해 준다. 쉽고 싼 데다 정부의 보상까지 있다. 그러나 많이 생산하지 않으면 돈이 되지 않기 때문에 옥수수 밭은 점점 넓어진다. 심지어 중서부에서는 다른 농작물 재배를 그만둔 바람에 모두 옥수수 농가가 되어 버렸다.

〈킹 콘〉에 등장하는 두 청년은 직접 키운 옥수수를 덥석 물었다. 퉤퉤퉤. 맛없어! 스위트콘이 아니기 때문에 그 상태로는 먹을 수 없다. 그렇다면 과연 어디에 쓰일까? 우선 70퍼센트 이상은 가축 사료가 된다. 미국에서 소를 방목하는 것은 다 옛날이야기로, 지금은 좁디좁은 우리 안에 가두어 놓고 옥수수를 먹인다. 옥수수를 먹은 소는 풀을 먹은 소보다 두 배나 빨리 자란다. 좁은 면적에서 싼 비용으로 빠르게 육우를 대량생산할 수 있다. 덕분에 패스트푸드점은 햄버거를 1달러에 팔 수 있다.

그러나 소의 위는 원래 풀만 소화시킬 수 있도록 되어 있기 때문에 곡물을 먹은 소에게는 위산과다 증상이 나타난다. 위에 거대한 구멍이 뚫린 소의 사진은 충격적이다. 이를 막기 위해 위산 분비 억제제나 항생물질을 장기 투여한다. 뿐만 아니라 옥수수를 먹은 소는 대량의 대변을 배출하여 환경을 파괴한다.

나머지 옥수수는 가공되어 옥수수 전분이나 맥주, 버본(옥수수와 호밀로 만든 위스키), 그리고 옥수수 시럽이 된다. 옥수수 시럽은 설탕의 대용품이다. 1960년대까지 최대 사탕수수 생산지는 쿠바였지만, 쿠바 혁명 후 미국은 경제 제재의 일환으로 사탕수수의 수입을 금지했다. 설탕 가격은 급등했고 시세는 불안정해졌다. 다행히 1970년대 들어와서 옥수수 시럽을 대량생산할 수 있게 되었다. 미 정부가 옥수수 농가에 막대한 조성금을 지원하기 시작한 것은 바로 이때부터다.

현재 미국의 옥수수 시럽 사용량은 설탕을 뛰어넘었다. 설탕보다 훨씬 싸기 때문에 소스나 케첩, 과자, 콜라 등 모든 것에 사용된다. 단, 간경화의 우려가 있다. 뿐만 아니다. 미국인의 비만은 옥수수 생산량에 비례한다.

옥수수의 위험성을 호소하는 버클리 대학의 마이클 폴란^{Michael}

Pollan 교수는 "맥도날드에서 식사를 하면 자신도 모르는 사이에 옥수수를 먹게 된다."고 말한다. "소는 옥수수를 먹고 자라고, 콜라의 단맛은 옥수수 시럽이며, 감자 튀김은 옥수수유로 튀긴다."

〈킹 콘〉의 두 청년이 자신들의 머리카락을 가지고 탄소 조성 분석을 의뢰한 결과 옥수수의 탄소 조성과 정확히 일치했다. 미국인의 몸은 옥수수로 이루어져 있다. "옥수수에 정복당한 미국인의 식생활은 건강하지 못하다. 더욱 영양가 있는 작물들을 늘려야 한다." 폴란 교수는 경고한다.

2007년 농업법 개정 심의에서는 석유 대체물인 에탄올을 만들기 위해 23억 달러의 조성금이 새롭게 추가되었다. 옥수수로 에탄올을 만들려면 사탕수수로 만드는 것보다 비용이 많이 드는 데다 실용적인 면에도 문제가 있다는 사실을 알고 있으면서도 말이다.

미키마우스를 십자가에 건 목사

연말 판매 경쟁과 싸우는 '쇼핑 그만둬 교회'

미국에서 매년 11월 넷째 주 목요일은 '감사제'다. 그런데 그 다음 날인 금요일을 '블랙 프라이데이'라고 부른다는 사실을 알고 있는가? 여기서 '블랙'은 가게가 흑자로 돌아선다는 의미. 미국 전역에서 연말 대매출이 시작되는 날이다.

1970년대 대형 마트가 연말 판매 경쟁에서 고객을 모으기 위해 시작한 블랙 프라이데이는 매년 과격해지고 있다. 최근에는 수량 한정으로 60퍼센트 할인 판매하는 노트북이나 PDP TV를 노리는 고객들이 뼛속까지 시리도록 추운 오밤중에 길게 줄을 서 있다가, 오전 0시 또는 새벽 4시라는 말도 안 되는 개점 시간과 동시에 마치 눈사태가 일어난 듯 점포 안으로 밀려든다. 다른 고객들을 밀치는 바람에 부상자가 발생하기도 한다. 이러한 광란의 무리들은 크리스마스까지 끊이지 않는다.

"미국인은 쇼핑광이다!" 금발머리를 흐트러뜨리며 빌리^{Bill Talen} 목사는 외친다. 그는 '쇼핑 그만둬 교회'의 리더로, 신도들을 데리고 쇼핑객들이 넘쳐 나는 쇼핑몰로 쳐들어가서 설교를 시작한다.

"크리스마스는 어떤 날입니까?"

신도들이 대답한다. "가난한 사람들을 구하기 위해 주 예수 그리스도가 탄생한 날입니다."

"그런 날에 아이폰이나 닌텐도 따위에 돈을 쓰는 것은 선한 일입니까?"

"아닙니다!"

"주 예수께서 일생에 단 한 번 격노하셨는데, 그것이 언제입니까?"

"욕망에 눈이 먼 상인들을 쫓아 버렸을 때입니다!"

"그렇다면 주의 뜻은 무엇입니까?"

"쓸데없는 쇼핑을 그만두는 일입니다!"

빌리 목사는 십자가에 걸린 미키마우스 인형을 디즈니 숍에 걸어 놓는다. "아이들의 상상력을 빼앗는 미키는 적그리스도다!"

스타벅스에서는 카운터 위로 올라가서 주변에 있는 사람들에게 호소한다.

"과거에 이 자리에는 앤 아주머니의 찻집이 있었습니다! 불친절한 아주머니와 한 잔에 1달러 하는 맛없는 커피가 유명했습니다! 그런데 지금은 한 잔에 4달러나 하는 카페라떼를 팔고 있습니다. 수천 개에 달하는 다른 스타벅스와 완전히 똑같은 맛입니다! 아멘!"

그들은 황급히 달려온 경관들에게 영업 방해로 체포되었다.

사실 '쇼핑 그만둬 교회'는 종교단체가 아니다. 빌리 목사 또한 축재를 권하고 낭비를 금하는 칼뱅파 개신교 출신이지만 진짜 목사는 아니다. 말하자면 일종의 퍼포먼스로, 기독교 우파의 광신적인 전도사들을 패러디하고 있는 것이다. 하지만 100퍼센트 장난은 아니다. 쇼핑을 그만두라는 말은 진심이다.

대형 마트와 쇼핑몰 때문에 지역의 '리처드 양품점'이나 '마리오 아저씨의 레스토랑'은 모두 사라졌고, 상점가는 폐허가 되었다. 게다가 판매 중인 옷이나 장난감, 전기제품은 모두 아시아나 중남미산. 할 일이 없어진 미국의 제조업은 괴멸되고 말았다. 외국의 가난한 소녀들을 혹사시키며 싸게 만든 제품은 미국에서 원가보다 수백 배나 비싼 값에 팔린다. 점원들은 최저임금으로 일하고 건강보험도 없는 데다 노동자를 지키는 조합도 지금은 없다. 그래도 대형 마트에서 일할 수밖에 없다. 지역 공장과 소매점이 모두 사라졌기 때문이다.

"쇼핑을 하려거든 지역 가게에서 하라! 할렐루야!"

그뿐만이 아니다. 광고 회사는 생활에 필요하지도 않은 게임이나 하이테크 제품을 구입하도록 소비자를 세뇌시키고, 신용카드 회사는 지불 능력이 없는 녀석들에게 카드를 발급해서 파산으로 몰아간다. 젊은이들을 유혹해서 광표으로 만드는 마약 상인과 다를 게 없다.

빌리 목사는 쇼핑광 시대를 '아포칼립스(묵시록)'에 빗대어 '숍칼립스'라고 부른다. 기독교 성직자들은 게이나 낙태는 강력하게 반대하면서도 과잉 소비 시대에 대해서는 입을 다문다. 그들 자신이 TV 전도로 기업보다 더러운 기부금을 모으고 있기 때문이다.

"회개하라! 심판의 날이 멀지 않았음이니라!"

벌써 그날이 와 있는지도 모르겠다. 미국의 GDP는 여전히 세계 1위지만, 그 가운데 70퍼센트는 개인 소비. 게다가 무역수지는 엄청난 적자. 없는 수입에 닥치는 대로 사들이는 나라가 되어 버렸다. 미국의 소비자가 안고 있는 부채 총액(신용카드나 자동차 대출금. 주택 대출은 제외)은 2007년에 2조 4000억 달러가 넘었다. 카드 이용자 가운데 기한까지 지불할 수 없는 사람은 32퍼센트나 된다. 그렇기 때문에 사람들은 신용카드를 서브프라임 모기지론에 이어 언제 붕괴될지 모르는 시한폭탄이라고 말하는 것이다.

썩어 빠진
정치

부시와 부시맨을
이어 주는 자

부시를 사상
최악의
대통령으로
임명합니다!

실용화된
전기자동차는 왜
사라졌는가?

'그자들'이
노리는 것은
부시 암살

부시 행정부는
진정한 '보수'
인가?

이라크 공습
의 모사도
고급 데이트
클럽의 고객

반(反) 게이
정치가인
게이와 동침한
게이 은퇴

이기기 위해서라면
뭐든지 하는
'부시의 두뇌'

월가의 보안관,
매춘에 걸려
넘어지다

부시의 전기 영화가
밋밋한 졸작인 이유?

미국의 역사를 죽 살펴보면, 부시는 역시 대단한 대통령이
라는 생각이 든다. 하딩처럼 대기업의 인맥을 각료로 두고,
후버처럼 경제를 방치하여 붕괴시켰으며, 닉슨처럼 국민을
도청하는 등 사상 최악의 대통령들이 지닌 자질을 무려
세 가지나 겸비하고 있으니 말이다!

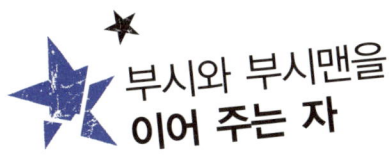

부시와 부시맨을
이어 주는 자

★ 부시 행정부를 뒤흔든 아브라모프 사건

톰 딜레이Tom DeLay의 별명은 '해머(쇠망치)'였다. 공화당의 다수 파 원내총무인 그는 수마트라 섬 연안에서 지진이 발생했을 때, 피해자 지원을 호소하는 민주당 의원에게 "하나님의 벌을 받는 이교도를 지원할 필요는 없다."며 거부했을 뿐만 아니라, 환경보호를 위한 규제에 찬성하는 민주당 의원을 'BANANABuild Absolutely Nothing Anywhere Near Anybody (어디에든 아무것도 짓지 말라)'라고 비난하는 등 오만한 방식으로 하원의회를 좌지우지해 왔기 때문이다. 그랬던 딜레이가 2006년 6월 체포되었다.

혐의는 정치헌금의 돈세탁. 딜레이는 대기업에 유리한 규제 완화로 '인기'를 모았던 만큼, 예전부터 뇌물에 관한 소문이 끊이지 않았다.

하지만 지금 하려는 이야기는 딜레이에 관한 것이 아니다. 그에게 뇌물을 주고 돈세탁에까지 관여했던 로비스트 잭 아브라모프^{Jack}^{A. Abramoff}(51세)에 대한 것이다. 로비스트가 하는 일은 어떤 법안을 의회에서 통과시키고 싶다 또는 반대로 법안을 저지하고 싶다는 사람들에게서 보수를 받고, 대신 의원들을 설득해서 표를 움직이는 것이다. 아무리 생각해도 뇌물 없이는 불가능한 일이다.

아브라모프는 합법화를 요구하는 온라인 복권업자나 러시아의 천연가스·석유 기업, 이동통신 회사로부터 막대한 의회공작자금을 모아 의원에게 정치헌금을 제공했다. 미국 자치령인 마리아나제도 정부는 이민 노동자들을 봉제 공장에 감금하고 노예처럼 일을 시키고 있었기 때문에 '자치령에 미국 노동법은 적용되지 않는다'는 결의를 요구하며 아브라모프에게 900만 달러를 제공했고, 아브라모프는 그 돈으로 딜레이 의원 등을 호화판 '연수' 여행으로 접대했다. '연수' 명목이라면 뇌물 수수에 해당되지 않기 때문이다.

루이지애나의 인디언 쿠샤타족은 선주민의 특권인 카지노를 건설하려 했지만, 도박을 죄악시하는 보수 기독교인들과 그들이 지원하는 정치가의 반대로 인가를 받지 못했다. 그러자 아브라모프가 "돈만 있으면 제가 어떻게든 해 보겠습니다."라며 접근했고, 부족은 어렵게 3200만 달러를 모아 아브라모프에게 제공했다. 그는 그 가운데 1150만 달러를 자신의 주머니로 빼돌렸다. 1월 3일, 아브라모프는 사기 혐의로 고소를 당하고 유죄 판결을 받았다.

물론 나머지 돈은 의원들에게 보냈고, 아브라모프는 뇌물 수수에 대해서도 인정했다. 아브라모프 그룹에서 의원들에게 흘러 들어간 순수한 '정치헌금'은 5년 동안 총 500만 달러. 뇌물을 받은 의원들은 대부분 공화당원이지만, 민주당 소속도 30퍼센트 정도 있었다. 물론 로비스트는 아브라모프 외에도 존재한다. 왠지 '민주주의는 돈으로 살 수 있다'는 현실을 확인한 것 같아 우울해진다.

그래도 일본보다는 나을지도 모른다. 어쨌든 미국에서는 20달러가 넘는 선물이나 접대는 불법이다. 그래서 아브라모프는 '크리스찬 연합Christian United', 'U.S. 가족 네트워크U.S. Family Network' 등 이름만은 정직해 보이는 NPO(민간 비영리 단체)를 통해 기부라는 명목으로 뇌물을 보냈다. 이들 NPO 또한 공범으로 수사 대상이 되었다.

아브라모프는 이러한 테크닉을 영화 제작에서 배웠다고 한다. 1980년대 말 이십 대였던 그는 영화 프로듀서로서 할리우드에서 〈레드 스콜피온Red Scorpion〉이라는 영화를 제작했다. 가라테의 용사 돌프 룬드그렌Dolph Lundgren이 분한 스페츠나즈(소련 특수부대)의 최강 병사, 이름하여 레드 스콜피온이 미국에 파병된다. 그러나 공산주의자의 포학함을 목격하고 과거를 뉘우친 그는, 엉뚱하게도 부시맨 노사老師 아래서 수행하며 무적으로 거듭난 뒤 소련군에 반격한다. 〈람보 2〉와 니카우N!xau 아저씨를 섞어 놓은 이 반공 쓰레기 영화는 놀랍게도 남아프리카 정부의 돈으로 제작되었다. 당시 미국은 아파르트헤이트(인종차별정책)를 유지하던 남아프리카 정부에 경제 제재를 가하고 있었기 때문에 상거래가 금지되어 있었다. 그래서 아브라모프는 IFF(국제금융기구)라는 반공 NPO를 설립하고, 그곳을 통해 남아프리카 정부로부터 기부를 받았다.

〈레드 스콜피온〉은 흥행에 참패했지만, 아브라모프는 또다시 〈레드 스콜피온 2^{Red Scorpion 2}〉를 제작했다. 미국을 무대로 하는 이 영화에서는, 그리스도를 찌른 롱기누스의 창을 손에 넣은 네오나치 집단과 미국의 특수부대가 맞서 싸운다.

"돌프 룬드그렌도 안 나오고, 도대체 레드 스콜피온은 언제 나오는 거야!"라며 태클을 걸려는 순간, 갑자기 스페츠나즈의 훈련교관이 등장해서 "레드 스콜피온을 만든 것은 바로 나야!"라고 잘난 체를 하며 미군 병사들을 훈련시킨다. 훌륭한 병사로 거듭난 그들을 보며, 교관은 만족스러운 듯 말한다. "너희들에게 레드 스콜피온의 이름을 수여하마!" 미군 병사를 무시해도 정도가 있지!

이 영화가 또다시 흥행에 실패하자, 아브라모프는 영화를 포기하고 워싱턴으로 향한다.

아브라모프 사건으로 공화당 의원들의 부패가 폭로되면서, 부시는 강력한 지원자였던 딜레이를 잃게 된다. 아브라모프와 부시의 관계가 가까웠던 만큼 의혹은 지금도 끊임없이 제기되고 있다. 아브라모프도 부시가 아니라 부시맨과 영화를 찍을 때는 그렇게까지 나쁜 짓은 하지 않았는데….

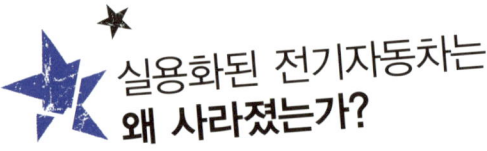

실용화된 전기자동차는
왜 사라졌는가?

석유업계의 압력이 무공해차를 매장시켰다

유가의 고공 행진이 계속되는 가운데 미국 내 하이브리드 자동차의 판매 대수는 2005년에만 20만 대가 넘었고, 그 후에도 계속 늘어나고 있다. 한편 세계 최대의 자동차 회사 GM은 휘발유를 먹어치우는 대형차의 매출이 줄어드는 바람에 심각한 경영난에 시달리고 있다.

그런데 불과 10년 전 GM은 하이브리드 자동차를 능가하는 휘발유 제로, 배기가스 제로인 전기자동차를 미국에 제공했었다. 1996년 GM은 10억 달러를 들여 전기자동차 EV1을 개발했다. 캘리포니아 주의 ZEV(무공해 차량 의무 판매)에 대응하기 위해서였다. 자동차 배기가스에 의한 대기오염을 우려하던 캘리포니아는 ZEV에 따라 1998년에 발매되는 신차 중 2퍼센트, 2003년에는 10퍼센트를 전기자동차가 채우도록 규정했다. EV1은 약 1000대가 생산되어 리스 형태로 제공되었다. 대량생산이 아니기 때문에 판매를 하게 되면 가격이 한 대당 4만 달러가 넘기 때문이다. 리스 가격은 월평균 300달러. 집에서 손쉽게 충전하고, 하룻밤 충전으로 100마일 이상 주행한다. 미국인의 일평균 주행거리가 29마일이라는 점을 생각하면 충분하다. 더 많이 보급되면 각지에 충전소가 생겨서 원거리 주행도 가능하다. 비용도 싸지고 판매도 가능해질 것이다.

그런데 EV1은 21세기에 들어오면서 돌연 모습을 감췄다. 말 그대로 지상에서 소멸되었다. GM은 EV1을 한 대도 남기지 않고 회수한 후 폐차 처리했다.

도대체 왜?

다큐멘터리 영화 〈전기자동차를 누가 죽였나?〉^{Who Killed The Electric Car?}는 EV1을 역사에서 지워 버린 '범인'을 쫓는 미스터리이다. 먼저 당시 EV1을 이용했던 '유족'과의 인터뷰를 통해 증언을 듣는다. 대부분은 친환경에 집착하는 히피 출신이거나 톰 행크스와 같은 진보주의자지만, 보수적인 공화당을 지지하는 멜 깁슨도 있다. "EV1은 가벼워서 결코 포르쉐에 뒤지지 않았다."라고 증언하는 스피드광도 있다. EV1은 리미터에 의해 최고 시속이 80마일(약 120킬로미터)로 제한되었지만, 실험에서는 무려 250킬로미터 이상을 기록했다.

EV1 회수가 결정되었을 때 이용자들은 "계속 탈 건데 가지고 가면 어떡하나!"라며 항의했지만, GM은 강제로 그들의 애마를 들고

가 버렸다. GM은 회수한 이유에 대해 "배터리의 안전성에 문제가 있고 인기가 없어서 수지가 맞지 않는다."고 설명한다. 그러나 〈전기자동차를 누가 죽였나?〉는 부시 행정부와 석유업계의 정경 유착이 진짜 이유라고 지적한다. 2001년 대통령에 취임한 부시는 캘리포니아의 ZEV를 콕 집어서 시장경쟁의 규제 요소라고 비판했고, 2003년 ZEV는 철폐되었다.

게다가 GM은 단가가 높아서 많은 이익을 남길 수 있는 SUV를 선호했다. 뭐든지 큰 것을 좋아하는 미국인들은 전기자동차를 거들떠보지도 않고 SUV를 구입했다. 실을 짐도 없고 도심에서 벗어나는 일도 거의 없으며 비포장도로를 달리는 일이 전혀 없어도 SUV를 탔다. 이라크 전쟁으로 유가가 두 배로 뛸 때까지….

그렇다. 〈전기자동차를 누가 죽였나?〉가 지목하는 범인은 쓸데없이 덩치만 큰 차를 좋아하고, 지하철이나 버스는 타지 않으면서 걸어갈 수 있는 거리도 자동차를 이용하고, 아이들의 교육비보다 자동차와 휘발유에 더 많은 돈을 쓰고, 전 세계의 석유 중 42퍼센트를 소비하고, 석유를 위해 전쟁까지 불사하는 미국의 보통 사람들이다.

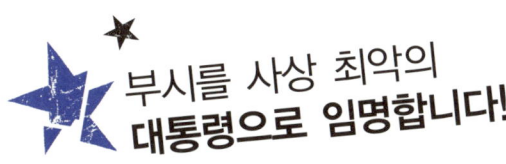

부시를 사상 최악의
대통령으로 임명합니다!
전미의 역사학자가 부시를 평가하다

　　부시 대통령의 지지율은 20퍼센트대에서 꼼짝도 하지 않고, 사람들의 관심은 이미 2008년 대선으로 향하고 있다. 부시가 역사 속의 인물로 사라져야 할 시기가 슬슬 다가오고 있는 것이다.

　　'부시는 미국 사상 최악의 대통령인가?'

　　이런 제목의 논문이 2006년, 음악 잡지 《롤링 스톤 Rolling Stone》지에 실렸다. 저자는 프린스턴 대학에서 역사를 가르치는 션 윌렌츠 Sean Wilentz 교수이다.

　　"부시의 정책은 거의 실패했습니다."

　　윌렌츠는 단언한다. 2000년 대선에서 민주당 후보였던 고어보다 적은 득표수로 '찝찝한 당선'을 한 부시는 9·11테러가 발생할 가능성을 사전에 알고 있었으면서도 이라크를 테러의 범인으로 지목하며 UN의 결의 없이 선제공격에 나섰다. 후에 이라크와 9·11

테러는 아무런 관계가 없다는 사실이 판명되었지만, 전쟁의 수렁에서 빠져나오기에는 이미 늦었다. 이라크에 병력을 할애한 탓에 아프간에서도 아직 승리하지 못하고 있고, 북한과 이란은 핵 개발을 진행하는 등 세계는 오히려 더욱 위험해졌다. 미국 내에서는 늘어나는 전쟁 비용과 부자들에 대한 감세 때문에 재정 적자가 사상 최대를 기록했고, 연금제도도 붕괴되었다. 게다가 아무런 경제 대책도 없는 상태에서 부동산 거품을 조장했다. 클린턴 시절 사상 최저를 기록했던 범죄 발생율도 불경기와 실업 증가로 인해 아버지 부시의 시절로 돌아갔다.

윌렌츠 교수는 비록 진보주의자이긴 하지만, 좌익과 우익에 상관없이 부시에 대한 평가는 낮다. 2007년 《USA 투데이USA Today》지가 "부시 행정부는 역사에서 어떻게 평가되는가?"라는 설문 조사를 실시한 결과, 미국 국민의 54퍼센트가 "실패"라고 대답했다. 2004년 윌렌츠 교수는 415명의 역사학자에게 같은 질문을 한 적이 있는데, 실패라고 생각하는 학자는 80퍼센트가 넘었다.

부시가 무능한 대통령이라는 사실을 알 만한 사람들은 다 알고 있다. 그런데 부시 외에 무능한 대통령으로는 또 누가 있을까? 위대한 대통령을 찾는 일은 어렵지 않다. 우선 러슈모어 산에 조각되어 있는 네 명의 대통령, 즉 초대 대통령인 워싱턴, 독립선언문을 작성한 제퍼슨, 노예를 해방시킨 링컨, 미국을 세계 최강의 경제대국으로 만든 테디 루스벨트, 그리고 2차 세계대전에서 승리한 F. D. 루스벨트가 있다. 그 다음으로는 케네디와 레이건 사이에서 의견이 갈리는 정도. 무능한 대통령 하면 생각나는 사람은 도청 사건으로 사임한 닉슨 정도이다. 그래서 《U.S. 뉴스 앤 월드 리포트U.S. News & World Report》지가 역사학자의 의견을 모아 '사상 최악의 대통령 워스트 10'을 발표했다. 인기가 없어서 귀에 익지 않은 대통령도 많다. 10위를 차지한 재커리 테일러Zachary Taylor는 미국인들도 겨우 이름만 안다고 한다.

다들 잘 알고 있는 닉슨은 9위. 생각보다 결과가 나쁘지 않은 것은 민주당이 일으킨 베트남 전쟁을 수습했고, 소련과의 합의 하에 군축을 실시했으며, 중국과 국교를 정상화하는 등 나름대로 업적도 남겼기 때문이다. 물론 그가 워터게이트 사건으로 정부에 대한 신뢰를 실추시킨 죄는 결코 가볍지 않다.

공동 9위는 31대 대통령 허버트 후버Herbert Hoover. 세계 대공황 당시 "경기는 주기적으로 호황과 불황을 반복"한다는 설을 믿고 사태를 방치했다. 반면에 그 다음 대통령에 취임한 F. D. 루스벨트는 뉴딜 정책을 실시하여 공공사업으로 고용을 창출하고 공황을 해결했다.

워스트 8위를 차지한 윌리엄 헨리 해리슨William Henry Harrison은 취임식에서 의욕이 넘친 나머지 추운 날씨에 두 시간이나 연설을 하다가 폐렴에 걸렸고, 한 달 후 아무런 업적도 남기지 못한 채 사망했다. 당시 부통령이었던 존 타일러^{John Tyler}가 뒤를 이었지만, 리더십이 없었던 탓에 각료들이 전원 사임을 표명했다. 그는 워스트 6위에 올랐다. 3위를 차지한 앤드류 존슨^{Andrew Johnson}도 링컨 시절의 부통령으로 링컨이 암살당하고 17대 대통령이 되었지만, 의회를 적으로 돌리는 바람에 클린턴이 모니카 르윈스키 사건으로 추궁당할 때까지 미국 역사상 탄핵소추를 당한 유일한 대통령이었다.

　워스트 7위를 차지한 18대 대통령 율리시스 그랜트^{Ulysses S. Grant}는 남북전쟁의 영웅이지만, 각료들의 비리가 잇따르는 등 대통령의 역할은 제대로 수행하지 못했다. 2위를 차지한 29대 대통령 워런 하딩^{Warren G. Harding}도 친구를 각료로 채용한 뒤부터 비리가 끊이지 않았다. 하딩은 정치보다 술과 도박, 여자에 관심이 많았다. 재임 기간 중에 병사했을 때도 바람기를 참지 못한 부인이 독을 먹였다는 소문이 돌 정도였다. "나는 대통령이 되어서는 안 되는 사람이었다."라는 명언(?)을 남겼다.

　워스트 5위인 13대 대통령 밀러드 필모어^{Millard Filmore}, 4위인 14대 대통령 프랭클린 피어스^{Franklin Pierce}, 그리고 워스트 1위를 차지한 15대 대통령 제임스 뷰캐넌^{James Buchanan}은 링컨 직전에 줄줄이 대통령직을 수행했던 사람들이다. 그들은 남부의 노예제도에 적극적으로 대응하지 않은 채 타협을 계속하다가 남북전쟁이라는 최악의 결과를 낳았다.

부시는 자신을 트루먼 대통령이라 칭했다. 트루먼은 2차 세계대전 말에 루스벨트 대통령이 급사했을 때 부통령이었다. 종전 직후 소련을 비롯한 공산주의와의 대결을 주장하면서, 기나긴 전쟁에 지쳐 있던 국민들로부터 큰 인기를 얻었다. 그러나 지금 생각해 보면, 그가 냉전에서 이길 수 있었던 것은 미리 대비를 했기 때문이다. 부시는 자신이 일으킨 이슬람과의 싸움도 훗날 역사의 평가를 받을 것이라는 착각에 빠져 있다. 확실히 트루먼과 닮은 구석이 있긴 있다. 둘 다 죄 없는 여성들을 폭탄으로 대량 살상했으니 말이다. 트루먼은 히로시마와 나가사키에서, 부시는 이라크에서….

미국의 역사를 죽 살펴보면, 부시는 역시 대단한 대통령이라는 생각이 든다. 하딩처럼 대기업의 인맥을 각료로 두고, 후버처럼 경제를 방치하여 붕괴시켰으며, 닉슨처럼 국민을 도청하는 등 사상 최악의 대통령들이 지닌 자질을 무려 세 가지나 겸비하고 있으니 말이다!

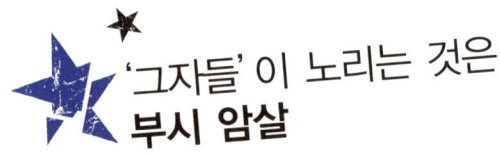

'그자들'이 노리는 것은 **부시 암살**

유사 다큐멘터리가 보여 주는 최악의 미래

부시 대통령이 암살당했다. 시카고의 연설회장에서 차에 올라타는 순간, 어디선가 날아온 몇 발의 탄환을 맞고 숨을 거두었다….

이것은 영국의 공영방송 채널4에서 2006년 10월 방영된 〈대통령의 죽음 Death of a President〉의 스토리이다. 이 '유사 다큐멘터리'는 1년 후인 2007년 10월에 발생한 암살 사건을 2008년 시점에서 검증하는 보도 프로그램으로 설정이 다소 복잡하다. 뉴스 영상 사이사이에 현장에 있던 경호원들과 대통령 보좌관의 인터뷰(모두 배우가 연기한다)가 들어간다. 부시가 군중 속에서 총격당하는 장면은 배우들을 써서 촬영한 후, CG로 부시의 영상을 합성했다. 이 부분은 1981년 레이건 대통령이 저격당한 순간의 뉴스 영상을 바탕으로 연출되었다. 부시의 장례식에서 체니가 추도사를 낭독하는 장면도 레이건의 장례식 비디오를 디지털로 가공한 것이다.

〈대통령의 죽음〉을 미국에서 방영하려는 방송국은 역시 없었다. 결국 극장에서 개봉하게 되었지만, 대형 극장 체인은 상영을 거절했다. 백악관은 아무런 코멘트도 하지 않았지만, 정치가들은 민주당, 공화당 할 것 없이 불쾌함을 감추지 못했다. 물론 작품을 본 사람은 아무도 없었다.

확실히 이야기만 들으면, 부시의 인기가 바닥까지 추락한 것을 이용한 장삿속으로밖에는 생각되지 않는다. 부시의 지지율은 2006년 5월 사상 최저인 31퍼센트까지 떨어진 후 계속 30퍼센트대에 머물러 있었다. 중간선거에서도 부시는 공화당 후보의 지원 유세에 초대받지 못했다. 부시와 친한 것처럼 보이면 유권자들의 미움을 사기 때문이다. 이런 부시를 놓고, 《타임》지는 "외로운 대통령"이라고 표현했다.

실제로 〈대통령의 죽음〉은 '부시는 죽어 마땅하다'는 단순한 내용을 넘어 더 섬뜩한 것이었다. 부시의 암살범으로 시리아 이민자가 체포되고, 대통령에 취임한 체니 부통령은 부시의 암살을 시리아 정부의 음모로 단정하고 임전 태세에 돌입한다. 전시 특별법이었던 애국법은 항구법으로 전환되어, 정부는 영원히 국민들을 멋대로 도청하고 감시하며 반대자를 탄압할 수 있게 된다. 미국은 순식간에 군사독재국가의 길로 들어선 것이다.

애당초 시리아나 이라크에 대한 군사 침공은 체니가 경영하고 있던 핼리버턴 같은 석유 회사와 정부 내 강경파가 수십 년 전부터 바라 온 일이다. 그들의 목적을 달성하기 위해 대통령 자리에 오른 이가 바로 국민의 30퍼센트 이상을 차지하는 기독교 우파의 표를 모은 부시였다. 그런데 얼굴마담의 인기가 떨어지면 어떻게 될까? 〈대통령의 죽음〉 속의 진짜 암살자는 이라크에서 귀환한 미군 병사로, 그가 정부의 도움을 받아 부시에게 접근했다는 사실이 암시된다. 즉 체니를 비롯한 '배후'들이 이용 가치를 잃은 부시를 처리했다는 것이다.

이렇게 말도 안 되는 이야기가 설득력을 갖는 이유는 부시가 결코 진정한 권력자로는 보이지 않기 때문이다. 언제나 울상을 지으며 "힘든 일이야."를 연발하고, 칼 로브 보좌관에게 무선으로 조종당하고 있다는 소문까지 나도는 대통령. 정말 '외로운' 사람이다.

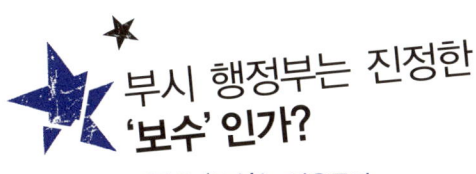

부시 행정부는 진정한 '보수' 인가?

미국의 '보수'는 자유주의

2006년 11월 7일, 미국 중간선거에서 민주당이 승리를 거두면서 상·하원을 모두 장악했다. 공화당이 패배한 원인은 두말할 것 없이 지지율이 30퍼센트 이하로 떨어진 부시 행정부의 실정이다(복음주의자들은 이번 투표에 동원되지 않았다). 이로써 1994년부터 10년 넘게 이어져 온 공화당의 상·하원 지배에 종지부를 찍었다. 또한 1980년 레이건 대통령의 취임으로 시작된 '보수 혁명'도 사반세기를 거친 지금에 와서야 겨우 끝이 났다.

그러나 "이는 부시 행정부의 실패일 뿐 보수의 패배는 아니다." 라는 의견도 있다. 공화당 우파인 팻 뷰캐넌Pat Buchanan과 론 폴Ron Paul 은 말한다.

"부시 행정부는 진정한 보수가 아니다."

미국에서 보수와 리버럴liberal 간의 대립은 우리나라에서 벌어지는 좌파와 우파 간의 대립과는 매우 다르다. 중학교에서 배웠겠지만, 일본에서나 미국에서나 꽤 오해가 있는 듯하니 간단하게 설명하고 넘어가기로 하겠다. 공화당이 견지하는 미국의 전통적인 보수 사상은 '자유주의'이다. 종교의 자유를 찾아 유럽에서 도망쳐 온 사람들의 나라이고, 영국 국왕의 무거운 세금에서 벗어나 경제적인 자유를 누리기 위해 공화제를 수립한 나라이기 때문이다. 자유주의는 영어로 '리버럴리즘liberalism'이다. 사실 미국의 이데올로기 항쟁은 다양한 자유주의 간의 싸움이다.

우선 경제에 있어 자유주의란 자유 시장에서 자유롭게 경쟁하면 세상이 좋아진다는 생각이다. 질 좋은 상품과 서비스가 경쟁에서 살아남고 사람들의 생활수준이 향상된다. 우수한 기업은 더욱 성장하고, 고용이 늘어나고, 복리후생이 확대되고, 세금을 내고, 더욱 좋은 상품을 개발함으로써 사회를 발전시킨다. 그렇기 때문에 시장경제에 관한 한 정부는 손대지 마라, 정부의 권한은 작으면 작을수록 좋다는 것이다.

애덤 스미스는 '보이지 않는 손'이 경제를 지배한다고 주장했다. 이 고전적 자유주의는 개신교가 믿는 '예정설', 즉 모든 것은 하나님의 뜻이라는 생각과 결합되어 있다. 다시 말해 자유방임경제는 신앙에 의해 뒷받침되고 있다는 얘기다. 그런데 실제로 경제를 방임하면 엉망진창이 된다. 자본이 대기업에 집중되고 중소기업이 파산하면서 빈부 격차가 심화된다. 기업은 비싸면서 질 낮은 상품을 만들고, 복리후생예산을 줄이고, 공해물질을 마구 쏟아 낸다. 거품은 커질 대로 커지다가 터져 버린다.

1929년 대공황이 일어났을 때, 후버 대통령(공화당)은 '보이지 않는 손'을 믿고 시장에 아무런 개입도 하지 않은 채 무작정 경기가 회복되기만을 기다렸다. 그러자 사태는 점점 악화되었고 실업률은 25퍼센트에 달했다. 후버에 이어 취임한 F. D. 루스벨트 대통령(민주당)은 혁신적인 불황 타개책을 마련했다. 정부의 적극적인 경제 개입, 공공사업으로 빈곤층에 일자리를 제공하는 뉴딜 정책이 그것이다. 뉴딜 정책을 통해 민주당은 가난한 사람들에게 부를 분배하는 '평등'의 실현을 당제로 확립시켰다.

공화당의 '자유'와 민주당의 '평등'. 대립하는 두 가지 이데올로기는 미국이라는 자동차를 움직이는 두 바퀴, 즉 좌파와 우파다. 우파의 자유가 커지면 약육강식의 무정부 상태가 된다(그래서 미국의 극우는 반정부적이다). 반대로 좌파의 평등이 커지면 규제가 경쟁을 제압하고, 지나친 복지정책으로 자구 노력이 사라져서 관료주의, 공산주의, 전체주의 사회가 된다. 그렇기 때문에 양대 정당이 힘의 균형을 유지하면서 미국이라는 자동차를 전진시켜 나간다.

루스벨트 이후부터 존슨 대통령이 집권했던 1960년대까지는 기본적으로 민주당이 미국을 주도하며 흑인의 사회적 평등을 실현시졌지만, 1970년대에 들어와서 경제는 침체되기 시작했다. 보수파 (자유주의자)는 자유경쟁의 활성화를 저해하는 평등주의자를 리버럴이라고 부르며 비판했다. '소셜 리버럴리즘social-liberalism (사회적 자유주의)'이라는 의미지만, 보수파는 리버럴을 빨갱이와 동일시했다.

1980년대 레이건 대통령은 기업에 대한 규제 완화와 감세, 복지 축소, 공공사업의 민영화 등을 추진하며 '작은 정부'를 지향했다. 그것은 정부의 구조 개혁으로 시장경쟁을 활성화시키는 신자유주의 neo-liberalism로 실현되었다.

2000년대에 들어와 정권을 잡은 아들 부시도 자유방임경제라는 레이건의 정책을 계승했다. 취임하자마자 부유층과 대기업에 대한 감세를 실시하고, 경제는 방임. 환율에도 개입하지 않았다. 덕분에 부동산 거품은 커질 대로 커졌고, 달러가 하락하면서 금융 위기가 발생했다. 부자와 대기업에 대한 감세로 세수가 엄청나게 줄어드는 와중에도 전쟁에 드는 돈은 아끼지 않았다.

이렇게 해서 클린턴이 어렵게 이루어 놓은 5590억 달러의 재정 흑자를 부시 행정부는 눈 깜짝할 사이에 탕진해 버리고, 적자는 사상 최대인 10조 달러를 향해 달려가고 있다. 즉 국민 한 사람이 3만 달러가 넘는 빚을 떠안고 있는 셈이다.

"사상 최대의 지출로 민생을 압박해 놓고, 도대체 어디가 '작은 정부'라는 건가?"

공화당 의원 론 폴과 팻 뷰캐넌 같은 자유지상주의자들은 부시 행정부를 용서하지 않는다. 게다가 부시 행정부는 기독교 복음주의 이데올로기를 국정에 적용하여 종교의 자유를 침해했다. 애국법으로 국민의 도청과 인터넷 활동의 감시를 합법화하고, 사상의 자유와 표현의 자유를 억압했다. "미국의 자유를 테러로부터 지키기 위하여"라는 이유를 대면서 말이다(자유지상주의자는 애국법에 반대한다).

"하나님은 인간을 자유롭게 하셨다. 나의 외교정책 또한 그러하다."

부시는 이렇게 말하며 '이라크 자유 작전'이라는 이름 하에 이라크를 침공했다.

그러나 외교에 있어서 미국의 전통은 불간섭주의, 먼로 대통령을 빗댄 '먼로주의'라 불리는 고립주의이다. 이에 대립되는 것이 국제연맹의 설립을 제창했던 윌슨 대통령(민주당)을 빗댄 '윌슨주의'로, 자유와 평등이라는 이상을 전 세계에 실현시키기 위해 다른 나라의 정치에 적극적으로 개입한다. 민주당 대통령들은 참으로 윌슨스러워서, 루스벨트는 2차 세계대전에 참전했고 존슨은 베트남에 군사적 개입을 했다.

한편 공화당 대통령은 소련과의 관계 개선에 힘쓴 아이젠하워, 중국과의 국교 회복을 성공시킨 닉슨 등 이데올로기를 초월한 현실적인 외교를 추구한 예가 많다. 론 폴 등은 UN과 NATO(북대서양조

약기구)에서 탈퇴하여 철저한 불간섭주의를 추구하는 것이야말로 올바른 보수라는 과격한 주장을 하고 있다. 부시의 '이라크 자유 작전'은 명백하게 윌슨스럽다.

사실 부시는 취임 전에 "소극적인 외교를 지향한다."고 말한 바 있다. 그런 그에게 중동의 민주화를 주입시킨 네오콘들은 원래 리버럴이라고 해야 할까…, 좌익에서 전향한 그룹이다. 그들의 밑바탕에는 트로츠키즘적인 세계 혁명을 실현하겠다는 이상이 있다. 이를 실현시키기 위해 네오콘은 체니 등 군사력을 바탕으로 하는 석유 이권 관련 세력과 결탁하여 이라크 '해방'을 꾀했지만, 보기 좋게 실패했다.

이렇듯 부시 행정부의 정책은 미국의 좌파와 우파라는 두 바퀴가 만들어 낸 최악의 패턴이었다. 이대로 간다면 미국이라는 자동차는 더 이상 앞으로 나아갈 수 없다!

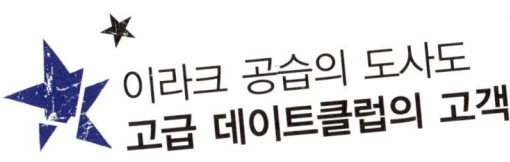

이라크 공습의 도사도
고급 데이트클럽의 고객

워싱턴을 뒤흔든 'DC 마담' 스캔들

"대학을 졸업한 인텔리 여성과 섹시한 판타지를 즐기지 않으시겠습니까?"

광고에 낚여서 전화를 걸어 보면, 여대생과 회사원은 물론 일류 법률사무소의 비서와 해군소령, 대학교수까지 호텔방이나 집으로 찾아온다. 요금은 275달러와 별도의 팁. 이러한 출장 서비스의 포주로서 1993년부터 2006년까지 13년 동안 약 200만 달러를 벌어들인 데보라 팰프리Deborah Jeane Palfrey가 체포되었다. 미국에서 허구한 날 적발되는 매춘과 다른 점은 출장 지역이 천하의 수도 워싱턴 DC라는 것과 고객의 대다수가 정부의 고위 인사들이라는 것, 그리고 팰프리가 고객의 실명을 공개하기 시작했다는 것이다.

'DC 마담'이라 불리던 팰프리는 대학에서 범죄학을 전공한 변호사 보조원 출신. 경찰의 눈을 피하기 위해 콜걸이 대기하는 '포주

집'을 따로 두지 않고, 대륙 반대편에 있는 캘리포니아 주 발레이오의 자택에서 전화 주문을 받은 후 여성들을 보냈다. 여성들은 워싱턴 근처에 있는 메릴랜드 대학의 학생지에 아르바이트 모집 광고를 내서 모집했다.

2006년 가을, 경찰들이 팰프리의 자택을 수색했고 그녀는 관리 매춘 혐의로 기소되었다. 그런데 2007년 4월, 갑자기 인터넷 라디오 인터뷰에서 고객의 실명을 폭로하기 시작한 것이다. 맨 처음 거론된 사람은 국제개발처USAID의 랜달 토비아스Randall Tobias 장관. 그는 곧 '개인적인 이유'로 사임했다. 아프리카의 에이즈 대책을 담당했던 토비아스는 절대금욕교육과 매춘의 억제를 강조하며, "에이즈 대책 교육은 ABC, 즉 Abstinence(금욕), Be Faithful(혼외정사 금지), Condom(콘돔)의 순서로 실시합니다."라고 말한 바 있다.

부시 행정부가 추진하는 절대금욕교육의 선두에 있던 토비아스는 "매춘의 유혹에 맞서는 것은 어려운 일이 아닙니다."라고 말했지만, 정작 자신은 매춘을 하는 위선자였다. 그는 "여성을 방으로 부른 것은 사실이지만, 마사지를 받고 함께 피자를 먹었을 뿐이다."라고 변명했다. '매춘의 유혹에 맞서는' 훈련이라도 한 것일까? 그런데 DC 마담은 토비아스의 변명을 인정했다.

"저는 여성들에게 섹스를 하도록 시킨 적은 없습니다. 어디까지나 섹시한 판타지를 제공할 뿐이지요. 토비아스는 그 점을 증명해 주었군요." 물론 그 말은 관리 매춘 혐의를 부인하기 위한 것이었다.

그런데 "거짓말쟁이! 나는 볼장 다 봤다고!"라고 반박하며 등장한 또 다른 고객이 있었다. 미국 해군 사령관 출신의 할란 울만Harlan K. Ullman. 저 유명한 "충격과 공포Shock and Awe"라는 말을 처음 한 사람이다. 울만은 그의 책에서 미국이 전쟁을 할 때는 전쟁을 시작하자마자 먼저 압도적인 공습으로 '충격'을 준 후, 신에 버금가는 미군의 힘으로 적들에게 '공포'를 느끼게 해야 한다고 주장했다. 부시 행정부는 그의 이론에 따라 이라크의 수도 바그다드에 맹폭격을 하고, 이를 '충격과 공포 작전'이라 칭했다. 폭격으로 수많은 여성을 잃은 이라크인은 공포는커녕 복수심에 불타서 미군에게 폭탄 테러를 감행하고 있지만 말이다. 그럼에도 울만은 "내 이론은 틀리지 않았어. 부시의 공습 규모가 너무 작았을 뿐이야."라는 변명을 하여 빈축을 사고 있다.

울만은 팰프리를 처벌할 수만 있다면 직접 성관계를 가진 사실을 재판에서 증언해도 좋다고 말했다. 팰프리는 분노했다.

"울만은 단골이었지만, 여자들은 하나같이 '그 아저씨, 완전 저질'이라며 싫어했다구요."

"애당초 매춘은 고객이 있기 때문에 성립되는 건데, 처벌받는 쪽은 항상 여자들뿐이죠. 그래서 저는 고객들을 폭로한 겁니다."

팰프리가 결심을 굳힌 계기는 그녀 밑에서 매춘을 하던 브랜디

브리튼^{Brandy Britton}(당시 43세)이라는 여성의 자살 소식이었다고 한다. 브랜디 브리튼은 메릴랜드 대학에서 여성학을 가르치는 사회학 교수였다. 1999년 대학에서 해고당한 브리튼은 여성을 차별하는 부당 해고라며 대학을 고소했지만 기각되었다. 그녀는 두 명의 대학생 자녀를 둔 미혼모였는데, 40만 달러의 대출금을 갚지 못해서 은행에 집을 압류당할 위기에 처하자 어쩔 수 없이 매춘을 시작했다. 브리튼은 인기가 많아서 출장뿐만 아니라 집에서까지 고객을 받았고, 그녀의 집 앞에는 고급 차의 행렬이 끊이지 않았다. 그런데 이를 수상하게 여긴 이웃 주민이 경찰에 신고했고, 브리튼은 2006년 여름 고객을 가장한 수사관에게 선불 400달러를 요구하다가 체포되었다. 매스컴은 "전직 대학교수가 콜걸"이라며 떠들어 댔고, 브리튼의 얼굴이 TV와 신문을 장식했다. 재판을 며칠 앞둔 1월 30일, 그녀는 자택에서 목을 맸다.

"브랜디는 필사적으로 살아가려 했을 뿐인데 인생을 망치고 말았어요."

팰프리는 ABC TV와의 인터뷰에서 이렇게 말했다.

"고객은 아무런 상처도 받지 않고, 힘들게 일하던 여성들만 짓밟힙니다. 하지만 저는 절대 이대로 물러나지 않을 거예요."

참고로, 팰프리는 2008년 4월에 돈세탁 등의 혐의로 유죄 판결을 받았지만, 수감 직전 목을 매어 숨진 채 발견되었다.

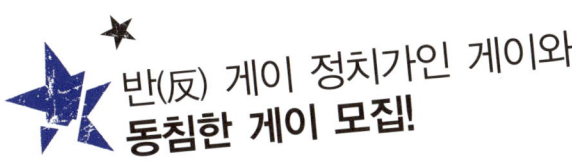

반(反) 게이 정치가인 게이와 동침한 게이 모집!

공화당의 게이 사냥에 반격한 게이

2007년 6월 11일, 미네소타 주 네오폴리스 공항의 남자 화장실에 경찰관이 잠복하고 있었다. 그곳이 동성애자의 '밀애 장소'라는 소문 때문이었다. 잠시 후 옆 칸에 있던 남성이 아래로 발을 들이밀더니 경찰관의 발을 건드렸다. 다음에는 손을 뻗어 왔다. 유혹하는 듯 손바닥은 위를 향하고 있었다. 이것은 '하지 않을래?'를 뜻하는 게이들의 신호였다.

"풍기 문란 현행범으로 체포한다!"

"국민의 세금으로 이런 엉터리 미끼 수사를 하다니!"라고 생각할 수도 있지만, 문제는 체포된 사람이 래리 크레이그 Larry Craig (63세) 연방의회 상원의원이었다는 사실이다. 그는 공화당 보수파로 안티 게이였다. 공화당은 동성애를 강력하게 반대하는 보수 기독교인의 표를 모으기 위해 헌법으로 동성 간의 결혼을 금지하고 게이 군인을 해고하는 법안을 지지해 왔다.

안티 게이 정치가 중에는 실제로 크레이그처럼 드러나지 않은 게이가 적지 않다. 2006년에는 공화당의 마크 폴리 하원의원이 의회에서 일하는 소년에게 나체 사진을 보여 달라는 이메일을 보냈다가 사임했다. 2007년 여름에는 공화당의 플로리다 주 의회의원 밥 앨런Bob Allen이 공원 화장실에서 사복 경찰관에게 20달러를 주면서 오럴 섹스를 시킨 혐의로 체포되었다. 보수 기독교의 리더인 테드 해거드도 남자친구가 관계를 폭로하는 바람에 실각했다. "위선자들!"이라며 보수파도 게이들도 분노하고 있다.

크레이그 의원은 "발을 들이민 것은 큰일을 볼 때 다리를 넓게 벌리는 습관 때문이다. 손을 뻗은 것은 떨어진 물건을 줍기 위해서였다."고 변명했지만, 체포된 경관은 "아무것도 떨어지지 않았다."고 증언. 죄를 가볍게 하기 위해 크레이그는 어쩔 수 없이 죄를 시인했다.

크레이그의 고향 아이다호 주는 보수적인 지역으로, 1955년에는 '마녀 사냥'이 아니라 '게이 사냥'이 벌어지기도 했다. 아이다호 주의 최대 도시 보이시에서 미성년자의 동성애 사건을 계기로 지역 신문들이 커밍아웃하지 않은 게이들의 실명을 잇달아 공표했고, 약 스무 명의 죄 없는 사람들이 체포되었다.

그런데 최근 또다시 '게이 사냥'을 시작한 사람이 있다. 게이 운동가 마이크 로저스^{Mike Rogers}다. 수도 워싱턴에 거주하는 그는 '블로그액티브^{blogActive}'라는 블로그를 만들어 실제로는 게이인 안티 게이 정치가 서른세 명의 실명을 폭로했다. 그중에는 루이지애나 주의 짐 맥크레리^{Jim McCrery} 하원의원을 비롯하여 거물들이 다수 포함되어 있었다. 크레이그도 체포되기 전에 이미 리스트에 올라 있었다. 역화장실에서 그에게 오럴 섹스를 해 준 남자가 밀고한 것이었다.

로저스가 이 블로그를 연 것은 2004년. 대선을 앞두고 부시가 이라크 전쟁에 대한 국민들의 관심을 돌릴 목적으로 동성 간의 결혼 금지를 주장하던 때였다.

"문화 전쟁을 일으켜서 게이를 말살하려 하다니. 그 싸움, 내가 접수하겠어!"

로저스는 블로그에서 안티 게이 정치가와 성관계를 가진 남성들의 증언을 모집했다.

"게재하기 전에 증언자를 만나서 증거를 모으고, 진위 여부를 확인합니다."

공화당원인 댄 걸리^{Dan Gurley}도 리스트에 오르는 바람에 당에서 쫓겨났다. 걸리는 선거 당시 남성이 남성에게 청혼하는 일러스트에 "민주당이 승리하면 이 상황(동성 간의 결혼)은 현실이 됩니다."라고 적은 전단지를 배포하여 일찍부터 로저스의 표적이 되었다. 로저스는 프라이버시를 침해한다는 이유로 진보주의자와 게이 모두에게 비판받고 있지만, "나도 게이지만 표를 얻겠다고 게이를 말살하려는 녀석은 용서하지 않겠어."라며 타협할 기색을 보이지 않는다.

크레이그 의원은 아직도 "이건 함정이야. 나는 게이가 아니야."라며 버티고 있다. 그리고 공원 화장실에서 경관을 유혹한 밥 앨런은 "그 경관은 얼굴도 영 아니고, 전혀 내 취향이 아니었어."라며 분개하고 있다. 지금 그런 문제가 아니잖아!

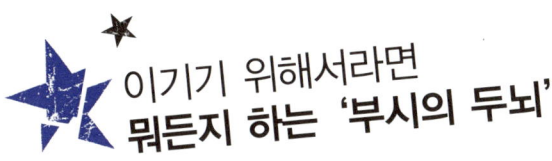

이기기 위해서라면
뭐든지 하는 '부시의 두뇌'
대통령 보좌관 칼 로브의 더러운 전략

2006년 8월 13일, 부시 대통령의 차석 보좌관 칼 로브가 돌연 사임했다. 그는 '부시의 두뇌'라 불리며 30년 넘게 부시의 참모로 활약했다. 특히 2004년 선거에서 로브는 부시가 전쟁과 경제에서 저지른 실패로부터 유권자의 관심을 돌리기 위해 동성 간의 결혼과 낙태 문제를 부각시켜 보수 기독교의 표를 확보했고, 멋지게 부시를 재선에 성공시켰다. 로브의 사임 이유는 CIA 비밀공작원 발레리 플레임의 신분을 노출시킨 사건, 그리고 비리에 관여한 공화당 정치가를 기소했던 검사들을 부당하게 해고시킨 사건의 배후로 지목된 데 있었다. 여기서 잠시 로브라는 사람에 대해 살펴보겠다.

1950년에 태어난 로브는 고교 때부터 정치에 관심이 많았고, 토론 수업에서는 엄청난 양의 자료들을 단상에 쌓아서 상대를 주눅 들게 하는 등 허세 전술의 대가로 결코 지는 법이 없었다. 열아홉 살 때 그는 공화당 선거에 자원봉사자로 참가했다. 일리노이 주 재무관 선거에서는 경쟁 후보의 사무소에 숨어 들어가 연설회 전단지 1000장을 훔쳐 낸 뒤 "맥주와 음식, 여자를 공짜로 드립니다."라고 적어 노숙자들에게 나누어 주었고, 노숙자들이 몰려드는 바람에 경쟁 후보의 연설회는 엉망진창이 되었다. 대학 때는 전미 각지의 선거를 찾아다니느라 결석을 밥 먹듯이 한 탓에 중퇴. 그럼에도 학생이라는 이유를 대고 베트남 전쟁에 징병되는 사태를 면했다. 1972년, 스물두 살 때는 닉슨의 선거에 참가했다. 닉슨이 워터게이트 사건으로 사임하자, 아버지 부시의 스태프로 들어간다. 그리고 자신보다 네 살 많은 아들 부시를 만나, 자신의 손으로 그를 대통령으로 만들겠다고 다짐한다.

로브는 총 41번의 선거에서 34번 승리하며 '선거의 귀재'로 불리기 시작한다. 그는 이기기 위해서라면 수단과 방법을 가리지 않았다. 1986년에 텍사스 주지사 빌 클레멘츠^{Bill Clements}를 재선시켰을 때는 선거사무소에 도청기가 설치되어 있다고 경찰에 신고. 상대 후보는 의심을 받았고 많은 표를 잃었다. 그러나 경찰에 따르면, 그 도청기는 건전지가 두 시간밖에 가지 않는 가짜 도청기였다고 한다. 이 일화는 워터게이트에서 힌트를 얻은 로브의 자작극으로 회자되고 있다.

1994년 로브는 아들 부시를 텍사스 주지사 선거에 출마시켰다.

민주당의 여성 후보 앤 리처즈Ann Richards의 지지율이 더 높은 상황이었다. 그런데 어느 날 유권자의 집에 '여론 조사'를 사칭한 전화가 걸려 왔다.

"리처즈 후보의 스태프가 모두 레즈비언이라고 해도 그녀에게 투표하시겠습니까?"

이 전화 때문에 "리처즈는 레즈비언"이라는 근거 없는 소문이 퍼지기 시작했고, 보수적인 텍사스 주민들은 부시에게 투표했다. 이 또한 칼 로브의 소행이었다고 한다. 로브는 동성애자에 대한 반감을 이용하는 일이 많았는데, 아이러니하게도 그의 아버지는 남자친구와 같이 살기 위해 그의 어머니와 이혼했다. 로브는 아버지 밑에서 자랐다.

2000년 부시는 드디어 대선에 출마했다. 그러나 공화당의 경선 후보는 베트남 전쟁의 영웅 매케인 상원의원으로, 지지율이 부시보다 20퍼센트나 높았다. 또다시 전화를 이용한 유언비어 공격이 시작되었다.

"매케인은 베트남 포로수용소에 갇혀 있는 동안 정신병자가 되었다."

"검은 피부의 숨겨 놓은 아이가 있다."

'검은 피부의 아이'란 매케인이 마더 테레사의 고아원에서 양녀로 들인 방글라데시 출신의 난민 여자아이였다. 하지만 "흑인 여성이 낳은 사생아"라는 소문이 도는 바람에 매케인은 패하고 만다.

부시는 대통령이 되었고, 로브는 목표를 달성했다. 그 후에도 로브는 '대통령의 두뇌' 역할을 충실히 수행했지만, 전쟁과 테러, 재정 적자, 무역 적자, 교육, 자원, 환경 등의 문제들 가운데 어느 것 하나도 제대로 해결하지 못한다. 로브는 이른바 '선거광'에 불과했고, 권력을 쥔 이후의 정치에 대해서는 이상도 비전도 없었다. 굳이 비유하자면 '입시 전문가'라고나 할까.

월가의 보안관,
매춘에 걸려 넘어지다

누가 뉴욕 주지사의 실패를 기뻐하는가

뉴욕 주지사 엘리엇 스피처 ^{Eliot Laurence Spitzer}가 콜걸을 호텔로 여덟 번이나 불렀다는 이유로 사임 위기에 몰렸는데, 정말 안됐다는 생각이 든다.

"이런 일로 사임이라니, 유럽에서는 있을 수 없는 일이네. 전부 미국인의 청교도주의 때문이야."

스피처의 은사이기도 한 하버드 대학의 앨런 더쇼비츠 ^{Alan Dershowitz}는 분개하며, "FBI에게 스피처를 추궁할 권리는 없다."고까지 말한다.

증거는 FBI의 전화 도청이었다. 도청은 헌법에 위배되지만, 9·11테러 이후 입법된 애국법에 따라 현재 일시적으로 허용되고 있다. 단, 그 목적은 국가안보상의 위기에 대해서만이다. 물론 콜걸이 국가 기밀을 누설한 예가 전혀 없는 것은 아니다. 1961년에는 영국의 육군장관 존 프로퓨모 John Dennis Profumo 와 관계를 갖고 있던 고급 콜걸 크리스틴 킬러 Christine Keeler 가 소련의 스파이와 내통하고 있다는 사실이 발각되어, 영국의 정권이 발칵 뒤집혔었다. 하지만 이번에는 국가 안전과는 상관없는 주지사인 데다 상대 여성도 스파이와는 아무런 관계가 없다.

"이번 사건은 정치적인 음모다."

클린턴 대통령의 선거참모였던 제임스 카빌 James Carville 은 말한다. 스피처는 검사 시절부터 주가 조작과 독점금지법 위반, 비리 등을 단속했을 뿐 아니라 뉴욕 증권거래소의 회장까지도 뇌물 수수 혐의로 기소하며 '월가의 보안관' 이라 불렸다. 스피처의 사임을 가장 기뻐한 사람은 대기업과 금융업계의 악당들, 그들과 한패인 공무원과 정치가 등 이른바 화이트칼라 범죄자들이다.

스피처는 2003년 고급 매춘 조직을 소탕한 적이 있기 때문에 지금은 '위선자' 라는 비난을 받고 있다. 물론 지당한 말씀이지만, 여기서 잠깐! 매춘은 정말 범죄 행위일까? 미성년자의 매춘과 인신매매, 성병, 일하는 여성의 착취를 막기 위해 매춘을 합법화하고 정부의 관리 하에 두겠다는 발상은 구미에서 전혀 새로운 것이 아니다. 이미 미국의 네바다 주, 오스트레일리아, 네덜란드 등 각지에서 매춘을 합법화하고 있다. 애초에 스피처가 매춘을 해서 피해를 입은 사람이 누가 있는가? …뭐, 스피처의 부인에게는 미안한 말이지만.

스피처의 아내 실다 Silda Wall Spitzer 는 미국에서도 제일가는 변호사로, 수입은 남편보다 항상 많다. 그런 그녀가 남편의 사임 표명 기자 회견장에서는 입을 다문 채 남편 옆에 서 있었다.

섹스 스캔들로 매스컴 앞에 선 남편 옆에 아내가 말없이 동행하는 모습은 최근 미국에서 심심찮게 볼 수 있다.

1998년 백악관 실습생과 관계를 가졌다는 이유로 탄핵된 클린턴 대통령 옆에 선 힐러리 여사의 의연한 모습은 대선을 향한 첫걸음이었다.

2004년에는 뉴저지 주지사 짐 맥그리비 Jim McGreevey 가 몇 년 동안 남성과 육체관계를 가졌음을 인정하고 사임했는데, 기자회견장에서 그의 아름다운 부인은 게이임을 고백하는 남편의 손을 계속 잡고 있었다.

2007년 공중 화장실에서 남성에게 섹스를 요구하다 현행범으로 체포된 크레이그 상원의원의 아내와 워싱턴 콜걸 조직의 고객 리스트에 이름이 올랐던 데이비드 비터 David Vitter 상원의원의 아내도 모두 남편 곁을 지켰다. 그녀들은 하나같이 입을 다물고 있었지만, 무슨 말을 하고 싶었는지는 모두가 알고 있다.

"가장 큰 피해자인 저도 참고 용서했으니, 여러분도 너그럽게 봐주세요."

캘리포니아 주지사 선거에 출마한 슈왈제네거는 수많은 여성들로부터 "가슴을 만졌다", "엉덩이를 만졌다"며 고소를 당했다. 성희롱은 매춘보다 죄질이 나쁘지만, 케네디의 조카딸이기도 한 마리아 여사가 "제가 확실히 감시하겠습니다."라고 사죄하여 순식간에 사태를 진정시켰다.

"모두들 내가 아니라 아내에게 투표한 거야."라고 푸념하던 슈왈제네거. 요코야마 노크橫山ノック(전 오사카부 지사 겸 코미디언. 여대생을 성추행한 혐의로 유죄 판결을 받았다 — 옮긴이)가 살아 있었다면 슈왈제네거, 스피처와 셋이서 에로 지사 트리오라도 결성했으면 좋았을 텐데.

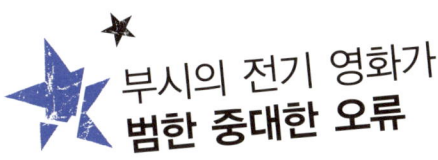
수업을 마친 딸아이를 데리고 집으로 돌아오는 길에 과자 가게에 들른 적이 있는데, '아빠 담배 초콜릿'과 '초자극 톡톡 캔디'에 '덤 (바보) 껌'이라는 것까지 팔고 있었다. 덤 껌의 포장지에는 아래 눈꺼풀을 까뒤집어 보이는 조지 W. 부시의 얼굴이 그려져 있고, 뒷면에는 "미래 세대에게 악영향을 줄 수 있습니다."라는 주의 문구가 적혀 있었다. 아이들이 씹는 껌에도 나와 있는 것처럼, 43대 대통령은 큰 부채를 남기고 임기를 마쳤다.

이렇게 인기 없는 대통령에 관한 전기 영화가 제작되었다. "알코올 중독인 부잣집 도련님 부시가 어떻게 해서 세계 최대의 권력자가 되어 터무니없는 전쟁을 일으켰는지 객관적으로 그려 나갈 생각입니다."라고 제작 의도를 밝힌 이는 〈JFK〉, 〈닉슨Nixon〉을 만든 올리버 스톤 감독이다. 〈노인을 위한 나라는 없다No Country for Old Men〉의 조쉬 브롤린^{Josh Brolin}이 부시 역을 맡아 2008년 4월 21일 촬영에 들어 갔고, 빡빡한 스케줄을 소화하며 11월 대선 전인 10월 17일 개봉했 다. '이번에는 생각 좀 하고 투표하라'는 뜻인 것 같다.

그런데 대통령의 미들네임을 따서 〈W〉라는 제목을 붙인 이 영화 의 시나리오가 촬영 전에 누출되고 말았다. 영화는 부시가 이라크와 이란, 북한을 '악의 축'이라 불렀던 연설의 대본 회의에서 시작된다.

"'참을 수 없는 축'이라고 하면 안 될까요?"

대통령 보좌관인 칼 로브, 일명 '부시의 두뇌'가 말하자 부시는 "하나도 재미없네, 똥꽃^{turdblossom}."이라고 주의를 준다(실제 영화에 서는 'turdblossom'이 'Karl'로 바뀌었다 — 옮긴이). 똥꽃이란 말똥에 서 피는 꽃. 부시는 자신의 각료들을 별명으로 부른다. 백악관을 대 학 기숙사쯤으로 착각하는 모양이다.

공부를 잘하지 못했던 부시는 아버지 백으로 명문 예일 대학에 입학하지만, 매일 밤 술과 코카인에 취해 부모 속을 썩일 만큼 썩이 다가 미식축구 골포스트를 쓰러뜨린 혐의로 체포된다. 베트남 전쟁 이 시작되자 징병을 피하기 위해 주병^{州兵}이 되지만, 훈련은 만날 땡 땡이. 2차 세계대전의 영웅이었던 아버지 부시에게 "너한테는 정말 실망했다."는 말을 듣고, 뭐 한 놈이 성낸다고 아버지에게 덤벼든다. 아버지의 사업을 맡아도 경영에는 실패. 정치가가 되려고 해도 낙 선. 점점 술에 의지하기 시작한다. 그러나 기독교 원리주의를 알게 되면서 술을 끊은 부시는(여기서 그치면 좋을 것을) "대통령이야말로 하나님이 나에게 주신 사명이다."라는 착각에 빠졌고, 이때부터 미국의 재난이 시작된다.

이 시나리오는 엔터테인먼트 전문 주간지 《할리우드 리포터The Hollywood Reporter》를 통해 몇 명의 부시 연구가에게 보내졌다. 이 잡지에서 저널리스트 제이콥 와이즈버그Jacob Weisberg는 두 가지 오류를 지적했다.

첫 번째는 부시가 체니 부통령의 의견에 초조한 모습으로 "대통령은 나야. 결정하는 건 나라고."라며 뻗대는 장면.

"체니는 이런 식으로 부시의 화를 돋우지 않습니다." 와이즈버그는 말한다. "그는 부시를 교묘하게 조종해서 부시가 스스로 생각해 낸 것처럼 만들지요."

두 번째는 부시가 거친 파도가 치는 암벽에 서서, "어둠이다. 나를 계속해서 쫓아오는 어둠."이라고 중얼거리는 장면.

와이즈버그는 "부시한테서 이런 표현이 나올 리가 없잖아요."라며 웃는다. 그래도 영화니까 조금은 시적이고 드라마틱한 대사를 하게 해 줘도 되지 않나. 그 외에는 프레첼이 목에 걸려 죽을 뻔하는 등 한심한 장면밖에 없으니까. (암벽 장면은 실제 영화에서 삭제되었다.)

거짓말
투성이
언론

'이라크 전쟁을 조종한
언론의 제왕

부시와 기자단에게
창피를 준 용기
있는 코미디언

마녀 사냥 연합군과
싸운 세 명의 언니들

"오바마는
이슬람의
스파이다!"

애니메이션과 첨가술
을 가지고 반 돋으로
프로파간다

"여성에게 선거권을
주지 말라."고 한
여성 정치평론가

"부시 대통령이 취임하고 5년 동안, 백악관 기자 여러분들은 항상 착한 어린이였습니다. 납득할 수 없는 감세를 비롯해 이라크에 대량살상무기가 없었던 점, 지구온난화를 방치하는 점에 대해서도 그다지 대통령에게 태클을 걸지 않았지요. (…) 자, 다시 한 번 백악관 기자들의 원칙을 복습해 봅시다. 모든 것을 결정하는 사람은 대통령. 이를 기자에게 전달하는 사람은 대변인. 기자는 대통령의 말을 토씨 하나 틀리지 않게 적어서 편집장에게 보내고, 집에 돌아가서 부인과 섹스를 한 다음에 잠을 잡니다. 때로는 머리를 짜내며 책을 쓰기도 하겠지요. 반골 정신으로 똘똘 뭉친 백악관 기자들이 정부에 맞선다는 스토리로 말입니다. 물론 픽션이지만요!"

이라크 전쟁을 조종한
언론의 제왕
루퍼트 머독과 폭스뉴스

AFI(미국영화연구소)의 '미국 영화 베스트 100'이 10년 만에 개정되었다. 1위는 전과 마찬가지로 오슨 웰즈Orson Welles 감독의 〈시민 케인Citizen Kane〉(1941). 〈시민 케인〉은 현재 세계 최고의 영화라는 극찬을 받고 있지만, 개봉 당시에는 혹평에 시달린 데다 흥행에도 실패하고 아카데미상도 받지 못했다. 신문왕 랜돌프 허스트William Randolph Hearst의 오만하고 고독한 인생을 조롱하는 내용을 담고 있는 이 영화는 당시 허스트의 언론 조작으로 실패를 맛보았다.

20세기 초 허스트는 전국의 신문사를 인수하고, 거짓과 과장이 가득한 선정적인 보도로 여론을 조작했다. 그중에서도 스페인군이 미국인 부인을 폭행했다는 사건을 날조했을 때는 미국인의 반反 스페인 감정이 극에 달해 미국-스페인 전쟁으로까지 발전했다.

허스트를 국제적으로 알려지게 만든 사람은 평가액 680억 달러로 추산되는 복합 미디어 그룹 뉴스 코퍼레이션의 회장 루퍼트 머독 Rupert Murdoch 이다. 오스트레일리아에서 태어난 머독은 지방지를 인수한 후 저질 연예 기사와 보수적인 논조로 판매 부수를 늘렸고, 그렇게 얻은 이득으로 오스트레일리아에 있는 대부분의 언론사를 사들였다.

그의 다음 목표는 영국. 석간지 《더 선 The Sun》에는 매호마다 컬러로 된 누드 사진을 실어, 신사 숙녀 들의 빈축을 사는 동시에 노동자층의 인기를 모았다. 일반지 《더 타임스 The Times》에서는 1982년 대처 정권의 포클랜드 전쟁을 절찬하여 애국자들을 기쁘게 하고, 반전反戰 측에 서 있던 진보 성향의 경쟁지 《가디언 The Guardian》지를 압도. 오스트레일리아와 영국의 언론을 지배하는 뉴스 코퍼레이션을 설립했다.

그리고 미국으로 진출. 먼저 뉴욕의 전통 있는 지방지 《뉴욕포스트 New York Post》지의 인수를 시도했다. 뉴욕 특유의 반골反骨 정신을 내세우던 《뉴욕포스트》지가 반발하자, 머독은 "귀사의 전통을 지키겠다."고 약속했다. 그러나 인수하자마자 보란 듯이 약속을 깨고, 저질 연예 가십과 권력에 영합하는 기사로 180도 다른 신문을 만들어버렸다. 머독은 여기서 그치지 않고, 할리우드 영화사 워너브라더스를 헐값에 인수하기 위해 《뉴욕포스트》에 워너의 스캔들 기사를 실어 평가액을 떨어뜨리려고 시도했다. 워너 인수에는 결국 실패했지만, 대신 20세기폭스를 손에 넣었다.

1990년대 머독은 뉴스 전문 채널 폭스뉴스를 설립했다. CEO에 앉힌 사람은 레이건 행정부 시절 언론 고문을 지낸 로저 에일리스 Roger Ailes. 언론을 이용한 여론 조작의 전문가로 '공화당의 괴벨스'라 불린다. 그는 레이건 대통령이 집권했던 1987년, 방송에 대한 공정원칙이 철폐된 것을 이용하여 폭스뉴스를 철저한 공화당 프로파간다 방송으로 키웠다. 폭스뉴스의 카피는 '공정과 공평'. 진보 편향의 3대 네트워크 및 신문과는 다르다는 뜻이지만, 실제로 폭스만큼 편향적인 보도를 하는 곳은 없었다. 모니카 르윈스키 사건이 일어났을 때는 매일 밤낮으로 클린턴 대통령을 공격하는 한편, 2000년 대선 때는 부시의 유세 장면만을 내보냈다.

2001년부터는 부시의 이라크 공격을 절찬하는 등 전의를 부추기는 보도로 미국인을 기쁘게 하며 하루에 400만 명의 시청자를 모아, 오랜 역사를 자랑하는 CNN(370만 명)에 압승했다.

2003년 10월 조사에 따르면, 폭스뉴스의 시청자 가운데 이라크가 대량살상무기를 보유하고 있다고 믿는 사람은 다른 뉴스를 보는 사람에 비해 세 배, 이라크가 9·11테러의 배후였다고 믿는 사람은 네 배나 되었다.

폭스는 미국인의 절반을 차지하는 '신문을 읽지 않는 대중'을 교묘하게 잘못된 방향으로 유도했다. 후에 머독은 인터뷰에서 "이라크 전쟁을 정당화하기 위해 여론을 조작하려 했다."며 사실을 인정했다.

21세기에 들어와서 뉴스 코퍼레이션은 뉴미디어로 전선을 확대했다. 영국, 오스트레일리아, 미국의 위성 TV 네트워크를 정복한 데이어, 아시아 전역을 망라하는 위성방송 스타 TV를 손에 넣으며 인구 10억에 달하는 중국으로 진출했다.

인터넷 또한 머독의 손을 피해 가지 못했다. 2006년 2억 명의 회원을 보유한 세계 최대의 SNS 마이스페이스를 인수한 것이다. 복합 미디어 그룹 바이어콤과의 경쟁에서 이기기 위해 5억 8000만 달러를 불렀을 때 업계는 말도 안 되는 가격이라며 비웃었지만, 곧바로 마이스페이스의 광고 권리를 구글에 9억 달러를 받고 매각함으로써 전액 회수했다.

머독의 다음 목표는 경제다. 2007년, 그는 50억 달러를 가지고 미국 최대의 경제지 《월스트리트 저널》의 발행사 다우존스의 인수를 시도했다. 다우존스를 100년이나 소유한 밴크로프트 일가는 편집권을 유지할 것을 요구했지만, 머독은 "50억 달러와 편집권을 모두 넘기라니 욕심이 지나친 것 아닌가."라며 화를 냈다. 기존에 해왔던 것처럼 독재적으로 개입하여 천하의 《월스트리트 저널》을 조작하고, 세계의 주식 시장까지 컨트롤하려는 심산인가.

블레어와 부시 모두 뉴스 코퍼레이션에 대해서는 감히 어찌할 수가 없다. 노동당인 블레어가 우익화된 데는 머독의 영향이 크다고 한다. 블레어는 총리 시절 폭스 채널의 애니메이션 〈심슨 가족〉에서 본인 역으로 출연한 적이 있다. 〈심슨 가족〉에는 머독 자신도 특별 출연해서 "내가 세계의 폭군이다!"라고 외쳤다. 재치가 있다고 해야 할까, 확신범이라고 해야 할까.

〈007 제18탄―네버 다이Tomorrow Never Dies〉에서 중국의 시청자를 확보하기 위해 중국과 영국의 전쟁을 유도하는 언론왕은 머독을 모델로 했다고 한다. 머독은 중국 진출 당시 마흔 살이나 어린 중국인 여성과 결혼했고 일흔이 넘어 아버지가 되었다. 마치 세계를 정복하는 과정에서 각지의 미녀를 아내로 맞이하던 알렉산더 대왕과 칭기즈칸을 보는 듯하다. 알렉산더와 칭기즈칸은 세계 정복의 뜻을 이루지 못한 채 죽었지만, 머독은 "앞으로 20년은 은퇴하지 않을 것이다."라고 선언했다. 그는 진심이다. 어쨌든 그의 어머니는 아흔여덟까지 살았으니까!

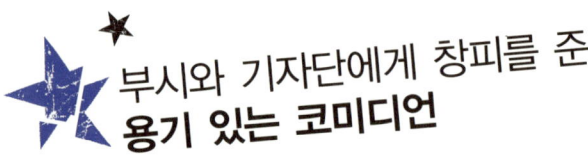

부시와 기자단에게 창피를 준
용기 있는 코미디언

스티븐 콜버트와 백악관 만찬회

"너무나도 영광스러워서 몸 둘 바를 모르겠습니다. 저의 영웅, 존경하는 부시 대통령을 이렇게 가까이서 볼 수 있다니."

2006년 4월 29일 백악관 기자 클럽 만찬회, 스티븐 콜버트Stephen Colbert는 연단에 서서 이렇게 말했다. 콜버트는 토크쇼 〈콜버트 리포트The Colbert Report〉의 진행자. 프로그램의 심벌은 흰머리독수리이고, 프로그램에서 콜버트는 당당하게 매파hawks임을 표명하며 전쟁에 찬성하고, 복지를 반대하고, 대기업의 편을 들고, 인종차별을 하고, 기독교 이외의 가치관을 경멸하고, 부시 대통령을 열광적으로 지지한다. 이를테면 부시가 빈곤층을 무시하고 부자를 우대한다고 비판받는 것에 대해 콜버트는 이렇게 말한다.

"가난뱅이들에게 고한다! 가난을 그만둬라! 제군들이 가난하기 때문에 대통령이 비판을 받지 않는가. 가난은 애국심이 부족하다는 증거다!"

그렇다. 이것은 농담이다. 그도 그럴 것이 코미디 전문 케이블 채널 '코미디 센트럴'이니까! 콜버트는 부시 행정부의 어용 방송국인 폭스뉴스의 빌 오라일리를 비롯하여 부시 체제를 찬양하는 모든 아나운서들을 패러디하고 있다. 그런데 이를 진짜라고 생각했는지, 부시의 디너에 콜버트가 초대된 것이다.

"저는 미국의 존재를 믿습니다."

콜버트는 호소했다.

"미국은 실제로 존재하고 있었습니다!"라니, UFO나 네시(스코틀랜드 인버네스에 있는 호수 네스호에 산다는 괴물—옮긴이)도 아니고 뭘 '믿는다'는 거야!

"저는 국민을 가능한 한 컨트롤하지 않는 정부야말로 좋은 정부라고 생각합니다. 그런 의미에서 미국은 이라크에 훌륭한 정부를 만들어 주었습니다." 이라크의 무정부 상태를 비꼬는 말이다. 이때부터 몇 사람이 참담한 표정으로 자리를 뜨기 시작했지만, 콜버트는 신경도 쓰지 않는다.

"무엇보다 저는 부시 대통령을 믿습니다. 최근 여론 조사에서 대통령의 지지율이 32퍼센트까지 떨어졌다고 하는데, 저나 대통령이나 여론 조사 따위에는 신경도 쓰지 않습니다. 이것은 대역전의 징후입니다. 영화 〈록키Rocky〉처럼 말입니다. 록키는 맞고 또 맞아도 다시 일어나서, 마지막에는 드디어…아, 결국 졌군요."

옆에 앉아 있는 부시의 얼굴이 붉으락푸르락했지만, 콜버트의 칭찬(?)은 계속되었다.

"이렇게 가까이서 대통령을 볼 수 있어 너무나 감격스럽지만, 이 안을 둘러보면 미국을 망치는 진보적인 언론 관계자들밖에 없어서 구역질이 날 지경입니다. 아니, 폭스뉴스만은 다릅니다. 폭스는 양쪽의 의견을 똑같이 보도하기 때문이지요. 대통령의 의견과 부통령의 의견을 말입니다."

사실은 만찬회 전날, 폭스의 아나운서 토니 스노^{Tony Snow}가 백악관 대변인으로 임명되면서 폭스가 부시 정권의 시녀임을 증명했다.

"부시 행정부를 가라앉는 타이타닉 호에 비유하는 사람들이 있습니다만, 말도 안 되는 소립니다. 현 정권이 기울어져 있는 것은 가라앉기 위해서가 아니라 상승하기 위해서입니다. 비행선 힌덴부르크 호처럼 말입니다!" 힌덴부르크는 상승 후 폭발했다.

웬일인지 다음 날 신문이나 TV는 콜버트의 연설을 보도하지 않았다. 의회 중계 전문 케이블 TV인 C-SPAN만이 만찬회를 무삭제로 내보냈다. 그 비디오는 누구나 영상을 공유할 수 있는 유튜브에 업로드되어, 눈 깜짝할 사이에 수백만 명이 보았다. 그리고 전미의 블로그에서는 동일한 의문이 제기되기 시작했다. "왜 다른 신문기자들은 이렇게 재미있는 연설을 보도하지 않았을까?"

이틀 후 《워싱턴포스트》지 등의 백악관 출입 기자들은 지면을 통해 "콜버트의 농담을 듣고 웃을 수 없었다. 만찬회에 적절하지 않은 데다 무례하고 지나치게 신랄한 내용이었기 때문에 보도하지 않았다."고 반론했다. 하지만 정말로 상식을 벗어났다면 더더욱 사건으로 보도해야 하는 것 아닌가. 사실 진짜 이유는 다른 데 있었다. 콜버트는 연설을 할 때 기자들을 향해 이런 말을 했다.

"부시 대통령이 취임하고 5년 동안, 백악관 기자 여러분들은 항상 착한 어린이였습니다. 납득할 수 없는 감세를 비롯해 이라크에 대량살상무기가 없었던 점, 지구온난화를 방치하는 점에 대해서도 그다지 대통령에게 태클을 걸지 않았지요. 이러한 것들은 국민들이 듣고 싶어하는 뉴스가 아닙니다. 기자 여러분은 이를 추궁하지 않음으로써 절도를 지켰습니다. 대통령과 사이좋게 지냈습니다. 자, 다시 한 번 백악관 기자들의 원칙을 복습해 봅시다. 모든 것을 결정하는 사람은 대통령. 이를 기자에게 전달하는 사람은 대변인. 기자는 대통령의 말을 토씨 하나 틀리지 않게 적어서 편집장에게 보내고, 집에 돌아가서 부인과 섹스를 한 다음에 잠을 잡니다. 때로는 머리를 짜내며 책을 쓰기도 하겠지요. 반골 정신으로 똘똘 뭉친 백악관 기자들이 정부에 맞선다는 스토리로 말입니다. 물론 픽션이지만요!"

콜버트는 만찬회라는 화기애애한 자리를 엉망진창으로 만들어 버렸고, 비판 정신을 버린 채 권력과 영합하는 기자들에게 모욕을 주었다. 이러니 창피해서 숨기는 것도 당연하다.

마지막으로 콜버트는 부시 대통령에게 "저를 백악관 대변인으로 임명해 주십시오."라고 말한 후, 자신이 대변인이 되어 기자들의 질문에 대답하는 내용의 비디오를 상영했다. 콜버트는 교묘하게 질문을 피해 갔지만, 단 한 사람, 그를 궁지에 빠뜨린 할머니가 있었다.

"부시 행정부가 이라크 공격의 이유로 들었던 것은 모두 거짓이었습니다. 제가 묻고 싶은 것은 이라크를 공격한 진짜 이유입니다."

그녀는 바로 헬렌 토머스Helen Thomas. UPI통신의 백악관 출입 기자로, 케네디 대통령 시절부터 40년 넘게 대통령을 취재했고 여든을 넘긴 지금도 현역에 있다. 역대 대통령은 모두 헬렌의 질문을 가장 먼저 듣는 것이 관례였다. 그러나 부시 대통령은 한 번도 그녀를 지목하지 않았다. 그녀가 대변인에게 "왜 부시 대통령은 죄 없는 사람들에게 폭탄을 떨어뜨렸지요?"라는 본질적인 질문을 던졌기 때문이다. 2006년 3월, 드디어 부시는 마음을 단단히 먹고 헬렌을 지목했다. 그녀는 질문했다. 콜버트가 상영한 비디오는 바로 이 장면을 담고 있었다. 이라크 공격의 진짜 이유는 무엇인가? 기자들이 가장 먼저 물어야 하지만 한 번도 묻지 않은 질문이다.

부시는 어찌할 바를 몰라 하며 "후세인이 조사를 거부했기 때문이다."라고 대답했다. 후세인이 조사를 받아들인 사실은 누구나 알고 있는데! 그 후 헬렌은 더 이상 질문할 기회를 얻지 못했다.

콜버트는 부시와 겁쟁이 기자들 앞에서 헬렌 토머스를 칭송했다. 마지막에 콜버트와 포옹을 나누던 헬렌의 눈이 조금 젖어 있는 것처럼 보였다.

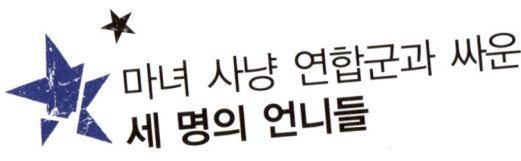

마녀 사냥 연합군과 싸운
세 명의 언니들

딕시 칙스-"Shut up and sing!"

2003년 1월, 딕시 칙스^{Dixie Chicks}는 슈퍼볼 개회식에서 미국 국가를 불렀다. 프로 미식축구의 최강팀을 결정하는 슈퍼볼은 미국인 두 명 중 한 명이 보는 국민적인 이벤트. 그 자리에서 국가를 부른다는 것은 국민 가수에게만 허락된 영예이다.

딕시 칙스는 마티 맥과이어^{Martie Maguire}(69년생)와 에밀리 로비슨 ^{Emily Robison}(72년생) 자매에 나탈리 메인즈^{Natalie Maines}(74년생)가 합류한 여성 3인조 컨트리 앤드 웨스턴^{C&W} 그룹이다. 컨트리 앤드 웨스턴은 남부와 서부의 백인 노동자들이 즐겨 듣는 '미국의 트로트'이다. 술주정뱅이에 별 볼일 없는 카우보이, 오로지 참고 견디는 여자에 관한 노랫말이 주류인 컨트리 앤드 웨스턴에 칙스는 현대 여성의 시점을 가미했다. 예를 들어 그녀들이 작사한 〈Goodbye Earl〉은 폭력을 휘두르는 술주정뱅이 남편을 아내가 독살한다는 내용을 담고 있다.

칙스는 평소 컨트리 앤드 웨스턴을 무시하며 듣지 않는 도시 중산층 여성들에게 공감을 불러일으켰고, 앨범 판매량 1200만 장을 기록하며 컨트리 앤드 웨스턴 사상 최고의 그룹으로 성장했다. 딕시 칙스의 2003년 세계 투어는 이름하여 '탑 오브 더 월드 투어Top of the World Tour'. 정상의 자리에 오른 그녀들이 추락할 거라고는 누구도 상상하지 못했다.

이라크 공격을 열흘 앞둔 3월 10일, 칙스는 런던 콘서트에서 징병된 애인을 전송하는 소녀의 마음을 그린 곡 〈Travelin' Soldier〉를 불렀다. 그리고 보컬을 맡은 나탈리가 관객을 향해 농담처럼 말했다.

"부시 대통령과 같은 텍사스 출신이라서 부끄러워요."

객석은 웃음바다가 되었고, 다음 날 《가디언》지가 그녀의 말을 보도했다. 부시가 국민의 압도적인 지지를 받고 있던 당시에는 너무나 위험한 발언이었다. 칙스는 순식간에 우익 언론의 표적이 되었다. '보수'와 '애국'을 표방하는 미국 대다수의 라디오 토크 프로그램과 뉴스 전문 채널 폭스뉴스에 있어 칙스의 발언은 최적의 타깃이었다.

"불만이 있으면 미국을 떠나라", "사담 후세인의 첩자" 등 온갖 욕설이 TV와 라디오에서 쏟아져 나왔다. 한 예로 로라 잉그레이엄

Laura Ingraham은 자신이 진행하는 토크쇼에서 칙스에게 "Shut up and sing!(닥치고 노래나 해!)"이라고 말했다.

한편 보수적인 라디오의 청취자는 대부분 컨트리 앤드 웨스턴의 팬이기도 했다. 그들은 100퍼센트 백인으로, 흑인노예제도를 유지하려 했던 남부 연합의 깃발을 자랑스럽게 게양할 수 있는 사람들이다. 텍사스 출신인 부시는 물론이고 그의 '카우보이 외교'를 열렬히 지지한다. 이를테면 컨트리 앤드 웨스턴 가수 토비 키스Toby Keith는 9·11테러 직후 〈The Angry American〉이라는 곡을 발표했다.

"거역하는 자들의 엉덩이를 걷어차 줄 테다. 그것이 미국의 방식이다."라는 호전적인 노랫말을 담고 있지만, 컨트리 앤드 웨스턴 차트에서는 대히트를 기록했다.

나탈리의 발언 이후, 칙스의 앨범 판매량은 일주일 만에 절반으로 떨어졌다. 엄청난 반향에 놀란 칙스는 즉시 공식 홈페이지에 "무례한 발언이었습니다."라고 사죄의 글을 올렸지만, 반전에 대한 주장은 철회하지 않았기 때문에 불 난 집에 부채질한 격이었다.

보수적인 시민운동단체 프리리퍼블릭닷컴FreeRepublic.com은 웹사이트에 전미 컨트리 앤드 웨스턴 라디오 방송국의 리스트를 게재하고, '애국자'들을 향해 칙스의 곡을 틀지 않도록 항의할 것을 촉구했다. 그들이 항의에 나서자, 라디오 방송국 중 약 70퍼센트를 독점하고 있는 클리어 채널은 곧바로 컨트리 앤드 웨스턴 방송국에서 칙스의 방송을 금지시켰다. 뿐만 아니라 방송국 앞에 쓰레기통을 놓고는 청취자들이 가지고 있는 칙스의 CD를 버리게 했다. 그런 다음 이라크 전쟁을 지지하는 집회를 주최하여 청취자들이 버린 CD를 불도저로 짓이겼다.

텍사스에 본사가 있는 클리어 채널은 부시가 소유하고 있던 야구팀 텍사스 레인저스의 스폰서인 데다, 라디오 방송국을 쉽게 인수하기 위해 부시에게 거액의 정치헌금을 제공하고 있었다.

만족스러운 표정으로 칙스의 CD를 태우는 '애국자'들의 모습을 보면서, 1960년대 비틀즈의 멤버 존 레논이 "우리는 그리스도보다 유명하다."고 말했을 때 비틀즈의 레코드를 태워 버린 남부의 기독교인들이 떠올랐다.

칙스의 전미 투어는 이제 막 시작되었는데, 이라크 공격은 성공리에 끝났고(그렇게 보였을 뿐이지만) 부시의 지지율은 하늘 높은 줄 모르고 치솟았다. "저희가 잘못했습니다."라고 용서를 구해야 할까? 드디어 그녀들은 결심했다. 결코 굴하지 않겠다고….

4월 말, 칙스의 누드가 연예 전문지 《엔터테인먼트 위클리Entertainment Weekly》의 표지를 장식했다. 세 사람의 나체에는 '매국노', '배신자', '비국민', 그리고 '언론의 자유', '영웅' 등 수많은 칭찬과 비난의 글이 뒤섞인 채로 쓰여 있었다. 이것은 "당신들은 카우보이인 척하면서, 여자들을 상대로 그렇게 심한 짓을 해도 되는가?"라고 호소하는 노가드 전법이었다.

한편 당사자인 부시는 칙스에 대해 "그녀들이 피해자 행세를 하는 것은 이해가 안 된다. 언론의 자유는 양날의 칼이다."라고 말하며 자업자득이라는 뉘앙스를 풍겼다. 나탈리는 환멸감에 몸서리를 치며 "언론의 자유는 헌법으로 보장되어 있으니까 어떤 의견이라도 말할 권리를 지켜 주는 것이 대통령의 역할 아닌가요? 부시도 그 정도쯤은 알고 있을 거라고 기대한 우리가 바보였어요."라고 분노했다.

투어가 시작되었다. 공연장 앞에는 피켓을 든 반대 그룹이 진을 치고 있었다. 카우보이 모자를 쓰고 성조기를 든 그들은 "부시가 싫으면 미국을 떠나라."고 소리쳤다. 하지만 객석은 열렬한 팬들로 가득했다. "야유를 보내고 싶으면 하세요."라고 나탈리가 말하자, 관중들은 그녀의 용기에 박수갈채를 보냈다.

세 사람의 고향인 텍사스에서는 "내일 무대에서 나탈리를 사살하겠다."는 경고장이 날아왔다. 칙스의 멤버는 모두 어린아이를 둔 엄마다. 가족의 안전을 위해 라이브를 중지해야 할까? 하지만 여기서 그만두면 우리가 지는 거야. 그날 세 사람은 죽음을 각오하고 무대에 올랐다. 콘서트는 무사히 끝났지만, 리더인 마티는 꽉 찬 객석을 보면서 "이렇게 많은 팬들과 마주하는 것도 이게 마지막일지 모르겠다."고 생각했다. 이제 컨트리 앤드 웨스턴의 세계에 그녀들의 자리는 없었다.

2004년 대선 때 칙스는 부시의 재선을 저지하기 위한 뮤지션 투어 'Vote for Change'에 참가했다. 브루스 스프링스턴^{Bruce Springsteen}, 본 조비^{Bon Jovi}, 존 멜렌켐프^{John Mellencamp}, REM 등 록 가수들 사이에서 컨트리 앤드 웨스턴 가수는 칙스뿐이었다. 부시는 재선에 성공했다.

2006년 칙스는 새 앨범 《Taking The Long Way》를 컨트리 앤드 웨스턴이 아니라 '록'으로 발표했다. 모든 곡에는 그녀들이 지난 3년간 경험했던 분노와 슬픔이 담겨 있었다. 예컨대 〈Lubbock Or Leave It〉이라는 노래에서, 나탈리는 고향 마을 텍사스 주 러벅으로 향하는 비행기 안에서 "이대로 추락하면 그들은 나를 용서해 줄까?"라는 생각을 한다. 같은 러벅 출신으로 1950년대 흑인 음악이었던 로큰롤을 연주하여 보수적인 주민들의 미움을 샀던 버디 홀리^{Buddy Holly}가 비행기 추락 사건으로 사망한 후 고향 마을의 영웅으로 칭송되었기 때문이다. 그중에서도 백미는 싱글컷 〈Not Ready To Make Nice〉. 횃불을 들고 그녀들을 뒤쫓던 군중에게 보내는 노래였다.

어떻게 그런 편지를 보낼 수 있어?
닥치고 노래나 부르라고.

그렇지 않으면 내 목숨은 없을 거라고.

아직 괜찮아질 준비가 되지 않았어.

아직 뒤로 물러설 준비가 되지 않았어.

난 여전히 화가 나 있어.

용서. 말이야 쉽지.

잊어버리라고. 글쎄, 그럴 수 있을까.

시간이 모든 걸 치유해 준다지만,

난 아직도 이렇게 아픈걸.

이 앨범으로 칙스는 그래미상을 휩쓸었다. 그래미상은 전미 음반업계 종사자들의 투표로 선정된다. 음반업계는 그녀들의 싸움을 높이 샀다.

현재 국민의 절반 이상이 이라크 전쟁의 실패를 인정하고 부시의 지지율은 30퍼센트대로 떨어졌지만, 칙스를 비난했던 사람들은 침묵하고 있다. 4년 만의 런던 공연에서 나탈리는 또 한 번 말했다.

"부시 대통령과 같은 텍사스 출신이라서 부끄러워요."

"오바마는 이슬람의 스파이다!"

허위 보도까지 불사하는 폭스뉴스

2007년 버락 오바마가 대선 출마를 표명하자, 드디어 힐러리 클린턴도 경선에 참가하겠다고 선언했다. 첫 흑인 대통령의 탄생인가, 아니면 첫 여성 대통령의 탄생인가. 미국은 역사적인 전환점을 맞이하게 되었다.

한편 공화당에서는 매케인 상원의원과 루디 줄리아니Rudy Giuliani 전 뉴욕 시장이 경쟁하고 있었지만, 힐러리 vs. 오바마에 비하면 관심의 대상이 되지 못했다. 무엇보다 아저씨들뿐이니까.

만약 힐러리가 대통령, 오바마가 부통령 후보로 출마한다면 공화당에는 승산이 없다. 투표율이 매우 낮은 여성과 흑인의 표를 휩쓸어 버리기 때문이다. 그래서 힐러리와 오바마 사이를 갈라놓으려는 음모가 일찍부터 시작되었다. 2007년 1월, 통일교 소유의 일간지 《워싱턴타임스》가 "오바마는 인도네시아의 자카르타에서 소년 시절을 보낼 때 이슬람 과격파 학교에 다녔다."는 기사를 실었다. 오바마는 현재 기독교인이지만, 실제로는 이슬람의 테러리스트일지도 모른다고 암시하는 뉘앙스였다. 기사는 《워싱턴타임스》의 인터넷 시사 주간지 《인사이트 Insight on the News》의 웹사이트 내용을 인용한 것이었는데,《인사이트》는 정보원에 대해 "힐러리 클린턴과 관계가 있는 사람들"이라고 했다. 이 기사는 곧 폭스뉴스에서 다루어졌다. 아나운서는 "이것은 대사건입니다! 오바마는 이슬람의 스파이일지도 모릅니다!", "정보를 흘려 경쟁자의 발목을 잡으려는 힐러리도 비난받아 마땅합니다!"라며 양 진영을 격렬하게 비판했다. 폭스와 마찬가지로 뉴스 코퍼레이션 소속 신문인《뉴욕포스트》도 '오바마＝이슬람' 설說을 보도했다.

　일련의 보도에 대해 힐러리 클린턴의 대변인 하워드 울프슨 Howard Wolfson은 "모두 우익 언론의 조작이다."라며 분노를 표명했다.

　폭스뉴스가 오바마＝이슬람 설을 내보내자마자 경쟁사인 CNN은 맞대응에 나섰다. 베이징 특파원을 자카르타에 보내 오바마가 다녔던 학교를 취재하도록 했고, 그곳이 이슬람 계열이 아닌 평범한 공립학교라는 사실을 밝혀냈다. CNN은《인사이트》의 기사가 사실무근이라고 폭로했고, 아나운서인 앤더슨 쿠퍼 Anderson Cooper는 폭스를 점잖게 타일렀다. "보도란 기자를 현장에 보내서 진위 여부를 확인한 다음에 내보내는 것입니다."

공개적으로 창피를 당한 폭스의 홍보 담당 이레나 브리간티^{Irena} ^{Briganti}는 "CNN은 시청률에서 뒤지는 것이 분해서 생트집을 잡고 있어요!"라며 되레 화를 냈다.

이 소동을 보면서 2007년 미국에서 개봉된 SF 영화 〈이디오크러시^{Idiocracy}〉가 떠올랐다. 영화가 그리고 있는 500년 후의 미래 사회에서 인텔리는 아이를 낳지 않는 반면에 바보들은 닥치는 대로 아이를 낳아, 미국인의 평균 지능은 바닥으로 떨어진다. 결국 데모크러시가 아니라 이디오크러시, 즉 바보들이 판을 치는 사회가 되어 버린다. 신문도 출판도 모두 사라진 세상에서 유일하게 살아남은 폭스 뉴스에서는 근육질의 아나운서가 발가벗은 채 엉터리 뉴스를 읽고 있다.

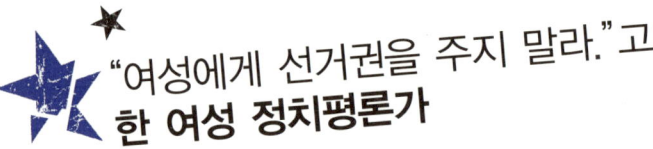

"여성에게 선거권을 주지 말라."고 한 여성 정치평론가

입에서 나오는 대로 말하는 우익의 바비 인형, 앤 쿨터

"미국은 이슬람 국가를 공격해서 지도자들을 모두 죽이고 국민을 기독교로 개종시켜야 합니다."

9·11테러 다음 날 이런 발언을 한 앤 쿨터 ^{Ann Coulter}는 미국 최악의 보수 칼럼니스트이다. 그녀는 폭격으로 민간인을 죽이는 것이 올바른 방법이라고 주장한다.

"일본을 폭격하고 원자폭탄을 떨어뜨리니까, 일본인들은 양처럼 온순해졌잖아요."

앤 쿨터는 '우익의 바비 인형'이라 불린다. 금발머리에 날씬하고, 노출이 심한 패션으로 TV에 등장하기 때문이다. 나이는 공개되지 않았지만, 실제로는 사십 대 후반. 자세히 보면 말라비틀어진 바비지만, 현재 시중에는 쿨터 인형까지 나와 있다. 인형에 달려 있는 버튼을 누르면 그녀와 똑같은 목소리로 "환경 파괴라니 좌익의 날

조예요. 인간은 지구를 강간할 권리가 있다구요."라고 외친다.

미국의 수많은 우익 평론가들 중에서도 쿨터의 과격성은 타의 추종을 불허한다. 9·11테러 희생자의 미망인들이 테러를 빌미로 이라크를 공격한 부시 행정부에 맞서자, 쿨터는 그녀들을 향해 "보상금으로 억만장자가 된 마녀들", "남편이 죽어서 행복한 모양이네"라며 욕설을 퍼부었다.

쿨터의 숙적은 변호사 출신이자 민주당 좌파인 대통령 후보 존 에드워즈John Edwards. 당시 에드워즈는 장남을 교통사고로 잃고 아내가 암 투병 중에 있었는데, 쿨터는 칼럼에서 에드워즈가 죽은 아들과 투병 중인 아내를 이용해 동정심을 유발, 선거자금을 모으고 있다고 비판했다. 심지어 2007년 3월 공화당 지지자 집회에서 쿨터는 이런 농담을 날렸다. "에드워즈에 대해서는 이야기하고 싶지 않아요. 'Faggot(동성애자)'는 차별어니까요."

미국에는 예로부터 반전 평화주의자를 동성애자로 취급하는 나쁜 전통이 있다. 결국 분노한 전미의 게이들이 쿨터의 칼럼을 연재하는 신문사에 항의했다.

아침 '와이드쇼'에서 쿨터에게 해명할 기회를 주었지만, 그녀는 될 대로 되라는 식으로 말했다. "테러리스트에게 암살이나 당했으면 좋겠다는 것밖에는 에드워즈에게 달리 할 말이 없네요."

드디어 에드워즈의 아내도 화가 났다. 그녀는 쿨터가 출연하는

CNN 토론 프로그램 생방송 중에 전화를 걸어, "가족을 공격하는 건 그만두세요."라고 항의했다. 쿨터는 "언론의 자유를 방해할 생각인 가요?"라며 코웃음을 쳤다.

그런데 쿨터의 공격 이후 에드워즈의 선거사무소에 들어오는 기부금은 엄청나게 늘어났다. 보수의 이미지를 망가뜨리기 위해 진보가 고용한 스파이라며 보수 진영에서까지 욕을 먹는 것도 어떻게 보면 당연하다. 한편 그녀는 입에서 나오는 대로 지껄이다가 자폭하는 일도 많다.

얼마 전 TV에 출연한 쿨터는 2008년 대선에서 민주당의 힐러리나 잘생긴 오바마, 에드워즈 후보가 여성들의 표를 모을 것으로 예상되는 상황에 대해 이런 코멘트를 했다.

"여자한테 선거권을 준 것 자체가 틀려먹었다니까요. 여자는 별볼일 없는 후보에게 투표하거든요."

이렇게 말한 쿨터 자신은 2006년 선거에서 다른 선거구의 후보자에게 투표하는 바람에 선거위반 혐의를 받은 적이 있다.

쿨터가 쓴 책 《민주당 지지자에게 조그만 뇌라도 있었다면 공화당원이 되었을 텐데 If Democrats Had Any Brains, They'd Be Republicans》에서는 부시를 이런 식으로 절찬했다.

"진보주의자들은 핸디캡을 가진 사람이 노력해서 사회적으로 성공하면 칭찬을 하죠. 그렇다면 부시에 대해서도 인정해 주어야 하지

않나요? 그는 지적 장애를 가지고 있으면서도 대통령의 자리에까지

올랐으니까요."

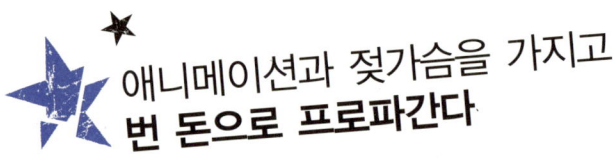

애니메이션과 젖가슴을 가지고
번 돈으로 프로파간다

★ 폭스에 반란을 일으킨 〈심슨 가족〉

이라크 전쟁을 위해 여론을 조작한 폭스는 젖가슴과 애니메이션
으로 먹고산다. 1986년 루퍼트 머독은 기존의 3대 TV 네트워크인
NBC, CBS, ABC에 대항하는 지상파 민영 TV 채널로 폭스 네트워
크를 설립했다. 처음에는 고전을 면치 못했기에 아무도 이렇게 오래
갈 줄은 몰랐다.

머독은 영국에서 타블로이드 신문을 성공시켰을 때와 같은 작전
을 사용했다. 대중이 원하는 것은 섹스와 범죄다. 심의를 아슬아슬
하게 통과할 만한 섹시 코미디 〈못 말리는 번디 가족Married⋯ with
Children〉, 경찰차에 동승하여 경찰관이 범인을 체포하는 순간을 보여
주는 〈캅스COPS〉 등 선정적이고 폭력적인 프로그램으로, 폭스는 매
너리즘에 빠진 3대 네트워크에 질린 젊은 시청자들을 끌어모았다.

그중에서도 가장 큰 성공을 거둔 것은 애니메이션 〈심슨 가족The

Simpsons〉이다. 심슨가의 가장인 호머는 원자력발전소 직원이지만, 칠칠치 못한 성격 때문에 원자로에서 항상 어처구니없는 실수를 저지른다. 툭하면 음주 운전을 하고, 의료용 마리화나를 피우면서 비틀거리고, 몸이 멀쩡한데도 신체장애자 수첩을 가지고 다닐 뿐만 아니라 케이블 TV를 해킹하기도 한다. 아들 바트는 학교에서 허구한 날 잠을 자는 문제아. 어른들은 툭하면 소동을 일으키고, 마을 폭력배 밑으로 들어가기까지 한다. 〈심슨 가족〉은 애니메이션을 아이들의 전유물로 여겼던 미국인들에게 충격을 던져 주며 대히트를 기록했고, 관련 상품은 폭발적으로 팔려 나갔다. 애니메이션 사상 최장의 방송 기록을 경신하며 국민적인 프로그램으로 자리 잡은 〈심슨 가족〉은 지금도 계속 방영되고 있다.

폭스 네트워크는 〈심슨 가족〉이 먹여 살리고 있는 것이나 다름 없다. 그 성공을 발판으로 머독은 폭스뉴스를 설립했다. 그러나 이는 〈심슨 가족〉의 제작자 겸 감독인 맷 그레이닝Matt Groening이 바라던 바가 아니었다.

2006년 10월, 〈심슨 가족〉은 외계인이 지구를 침략한 상황에서 지구인들끼리 내전을 일으키는 바람에 수습이 불가능해진다는 내용을 방영했다. 외계인은 "마치 이라크를 보는 듯하군."이라며 한숨을 쉰다. 그런데 방송 직전, 폭스는 문제가 될 만한 대사를 깨끗이 삭제했다. 폭스에서는 부시 행정부를 조롱하면 안 되는 것인가? 그레이닝을 비롯한 〈심슨 가족〉의 스태프들은 화를 내며 역습에 나섰다. 2007년 5월 역사적인 400회에서….

심슨가의 장남 바트가 정신과 의사에게 "악몽에 시달리고 있어요."라고 말한다. "꿈속에서 우리 가족은 모두 애니메이션 캐릭터인데, 상업적으로 크게 성공해서 폭스뉴스라는 미친 우익 프로파간다 네트워크를 지원하고 만다는 악몽이에요."(이 장면은 2007년 3월 4일 방영된 392회에 등장한다. 이하 다른 장면은 400회에 등장—옮긴이) 악몽이 아니라 현실이잖아!

아버지 호머는 폭스뉴스에 세뇌당해 "나는 진보주의자가 정말 싫어."라는 말을 연발하고, 폭스 네트워크에서 저질 프로그램이 나올 때마다 양손을 치켜들며 열광한다. 한편 "폭스뉴스는 저렇게 보수적인데 폭스 네트워크는 어떻게 저렇게 저질일 수가 있죠?"라며 궁금해하는 딸 리사는 "폭스는 저질 프로그램을 방영해서 엄청난 수익을 올리는데, 그 돈은 방송 윤리를 감시하는 연방통신위원회를 거쳐 공화당에까지 들어가거든."이라는 설명을 듣는다. 폭스 프로그램에서 이런 얘기까지….

리사는 폭스의 음모를 폭로하려 하지만, 돈의 힘에 떠밀려 좌절. 슬퍼하는 딸에게 아버지 호머는 "더 이상 용서하지 않겠어! 전부 폭로하겠어! 사실 폭스는…."이라고 말하는 순간, 짠짠짠! 20세기폭스의 로고가 등장하면서 대사는 사라진다.

〈심슨 가족〉의 감독 맷 그레이닝은 몰래 제작한 400회를 방영하기 직전에 폭스 상부로부터 "방송을 내보내면 고소하겠어!"라는 협박을 당했다고 한다. 하지만 저들이 고소할 리가 없다. 여름방학에 개봉된 〈심슨 가족〉 극장판이 흥행 수입 5억 달러를 벌어들이며 대히트를 기록했으니까!

과연
미국을
구할 자는
누구인가

"노예제도를 배상해
주는 사람에게
투표하겠어요"

"흑인 후보가
나오는 것은 50년
후입니다"

불사조 매케인은
고문보다 아버지가
무섭다

오바마=셀러브리티=
패리스 힐튼?

장수 코미디
프로그램이
힐러리를 살렸다

"나에게는 꿈이 있습니다. 노예였던 자들의 후손과 노예를 소유했던 자들의 후손이 형제애로 모인 식탁에 함께 앉을 수 있는 날이 오리라는 꿈이. 나의 아이들이 피부색이 아니라 그들의 인격을 가지고 평가받는 날이 오리라는 꿈이."

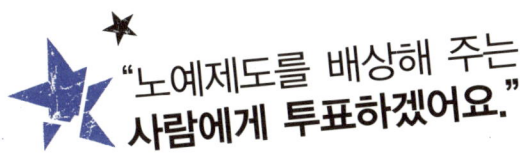

"지구온난화가 심각해지고 있다는데, 그러면 내 아이는 녹아 버리는 거야?" 눈사람 아버지가 묻는다.

2007년 7월 23일, 다음 해 미 대선에 출마하는 민주당 후보자 여덟 명이 참석한 공개 토론이 CNN에서 중계되었다. 동영상 사이트 유튜브에 올라오는 비디오 질문에 대답하는 획기적인 방식이었다. 직접 촬영한 30초 분량의 비디오가 2300편이나 업로드되었고, 그중에서 약 20개는 힐러리 클린턴에게 던지는 질문이었다.

기존에는 사회자나 토론장에 참석한 청중들이 질문하는 방식이었지만, 이렇게 일반인을 대상으로 하면 이상한 녀석들까지 등장하기 때문에 재미있다. 예를 들면 우익 민병대임이 분명한 남자가 기관총을 들고 "나의 사랑하는 소총을 소유할 권리를 규제하는 후보가 어떤 녀석이냐?"라며 위협한다. 앞서 소개한 눈사람과 같은 설정 비디오도 많다. 게이도 있다. 여성끼리 비디오 앞에서 껴안고 키스하며 "우리가 결혼할 수 있게 해 줄 거야?"라고 묻기도 한다. 부시 행정부는 동성 간의 결혼을 헌법으로 금지하겠다는 공약을 내걸고 보수 기독교의 표를 모았다. 그러나 동성 간의 결혼을 반대하면 게이가 많은 도시의 표를 잃게 된다. 이른바 뜨거운 감자다. 존 에드워즈 후보는 진보 성향의 인권변호사 출신이지만, 종교적으로는 남부 침례교도로 보수적인 편. "개인적으로는 동성 간의 결혼에 반대하지만, 제 아내는 찬성합니다."라며 빠져나간다.

최초의 흑인 대통령이 될지도 모르는 오바마 후보에게 흑인 여성이 "당신은 진정한 흑인입니까?"라고 묻는다. 미국 출신의 백인 어머니와 케냐 출신의 유학생 아버지 사이에서 태어난 오바마 상원의원은 미국의 흑인들과 달리 서아프리카에서 납치당한 노예의 자손이 아니다. 그런 까닭에 흑인들은 그를 자신들의 대변자로 생각해도 좋을지 망설이고 있었다. 오바마는 "맨해튼에서 택시를 탈 때는 제 자신이 흑인이라는 사실을 실감합니다."라며 가볍게 되받아쳤다. 맨해튼에서 흑인은 승차 거부를 당하기 때문이다. 힐러리 클린턴도 날카로운 질문에 맞닥뜨린다. "아버지 부시, 클린턴, 아들 부시에 이어 당신이 대통령이 되면, 부시 일가와 클린턴 일가가 24년이나 미국을 지배하게 되지 않나요?"

힐러리는 농담조로 대답했다. "아들 부시가 대통령이 된 것이 실수였지요."

토론장은 웃음바다가 되었다.

그렇다고 해도 힐러리, 오바마, 에드워즈라는 유력 후보들은 폭넓은 층에서 표를 모으기 위해 누군가를 적으로 돌리는 극단적인 발언은 피했다. 그렇기 때문에 그들을 제외한, 이른바 '포말후보'(당선이 절대 불가능한데도 이름을 내기 위해, 또는 다른 후보자를 방해하기 위해 입후보하는 사람—옮긴이)들이 재미있다. 어차피 당선될 리가 없기 때문에 유쾌한 망언을 남발한다.

"선조를 노예로 만들어 일을 시킨 대가를 지금의 흑인들에게 지불하지 않을 건가요?"라는 질문에, 데니스 쿠시니치 Dennis Kucinich 후보는 아무런 망설임도 없이 "지불하겠습니다!"라고 대답했다. 천문학적인 액수라는 건 알고 있는 거야?

지구환경과 에너지 문제를 가지고 토론을 하던 중에 사회자가 갑자기 "그런데 이 토론장에 전용기를 타고 오신 분이 있나요?"라고 묻자 여섯 명이 쭈뼛쭈뼛 손을 들었고, 마이크 그레벨 Mike Gravel 후보만이 "나는 기차를 타고 왔다구!"라며 자랑스럽게 말했다. 고참 진보주의자인 그레벨 상원의원은 "힐러리, 오바마, 에드워즈 세 사람은 가난한 사람들의 편인 척하면서, 대기업과 은행가로부터 막대한 선거자금을 받고 있어!"라고 큰 소리로 말해서 박수갈채를 받았다.

제대로 대답한 사람이 한 명도 없는 질문도 있었다.

"후보자 가운데 가족을 전장에 보낸 분이 있나요?"

이라크에서 아들을 잃은 부모의 비디오였다.

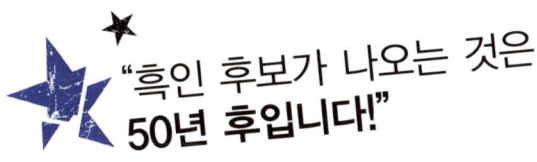

"흑인 후보가 나오는 것은 50년 후입니다!"

할리우드 영화의 흑인 대통령·여성 대통령

2008년 1월 21은 마틴 루서 킹 주니어 데이.

"나에게는 꿈이 있습니다."

딸이 초등학교 교과서를 더듬더듬 읽고 있다. 1963년 남부의 인종격리정책에 항의하던 킹 목사의 연설이다.

"나에게는 꿈이 있습니다. 노예였던 자들의 후손과 노예를 소유했던 자들의 후손이 형제애로 모인 식탁에 함께 앉을 수 있는 날이 오리라는 꿈. 나의 아이들이 피부색이 아니라 그들의 인격을 가지고 평가받는 날이 오리라는 꿈."

TV를 켜자 버락 오바마 상원의원이 킹 목사의 추도 연설을 하고 있다. 2월 5일 슈퍼 화요일에 흑인 대통령 또는 여성 대통령 후보가 결정된다. 어느 쪽이 되든 사상 최초다. 그날이 이렇게 빨리 오리라고는 아무도 예상하지 못했다. 소설이나 영화의 세계에서조차 ….

킹 목사가 흑인의 평등을 위해 싸우다가 경찰들에게 얻어맞고 물세례를 당하던 1964년에 《더 맨The Man》이라는 소설이 출간되었다. '더 맨'은 사상 최초의 흑인 대통령이다. 독일을 방문한 대통령이 대성당 붕괴 사고로 즉사하고, 대통령을 대신해야 할 부통령은 건강상의 이유로 사퇴. 그 다음 자리에 있는 하원의원도 대통령과 함께 사망했다. 그렇다면 상원의장 대리가 대통령이 되어야 하는데, 그는 흑인이었다. 의회는 "흑인 따위가 대통령이라니 말도 안 돼!"라며, 탄핵으로 그를 끌어내리려고 한다. 심지어 백인지상주의자들은 그를 암살하려고까지 한다. 흑인들은 흑인들대로 대통령이 자신들을 우대하는 정책을 펴지 않기 때문에 불만이 증폭된다. 대통령 자리는 말 그대로 바늘방석이다.

《더 맨》은 당시 SF 소설로 분류되었다. 현실성이 없는 이야기라고 생각했기 때문이다. 8년 후인 1972년, 명배우 제임스 존스James Earl Jones가 주연을 맡아 두 시간짜리 TV 드라마로 방영하려 했지만, 보수적인 백인들의 항의를 두려워한 스폰서들이 모두 발을 빼는 바람에 극장에서 개봉하게 되었다. 블랙파워의 시대였음에도 불구하고 말이다.

한편 여성 대통령은 영화에서 거의 볼 수 없다. 사실 미국의 여성차별은 인종차별만큼이나 뿌리가 깊다. 부인참정권 운동에서 시위에 참석한 여성들은 폭주하는 무리들의 습격을 받았고, 낙태가 합법화된 것도 1970년대 들어와서이다.

힐러리 클린턴이 상원의원에 입후보한 2000년, 할리우드에서는 〈컨텐더 The Contender〉라는 영화가 제작되었다. 부통령이 급사하자 대통령은 후임으로 여성 상원의원을 지명한다. 그녀는 의회의 승인을 받아야 했지만, 보수적인 의원들은 그녀가 학생 시절에 쓰리썸(세 명이 참여하는 집단 성관계)을 했다, 낙태를 했다, 하나님을 믿지 않는다는 등 날조와 생트집으로 맹공격하며 사상 최초의 여성 부통령이 탄생하는 것을 저지하려 한다. 이것이 불과 9년 전의 분위기였다.

2003년에는 〈헤드 오브 스테이트 Head of State〉라는 코미디 영화가 제작되었다. 대선 투표를 두 달 앞두고 민주당의 정부통령 후보를 태운 비행기가 추락한다. 아, 이 영화도 사고가 원인이다. 즉 흑인 대통령과 여성 대통령은 사고가 나지 않는 한 절대 있을 수 없다고 생각했던 것이다.

당은 어떤 후보를 세워도 이제는 승산이 없다며 포기하고, 뻔히 안 되는 줄 알면서도 흑인을 후보로 세운다. 미래에는 유색인종이 미국 인구의 과반수를 차지할 것이 확실하기 때문에 '최초로 유색인종을 후보로 세운 당'이라는 영예라도 미리 얻어 두겠다는 속셈이었다. 후보에 뽑힌 사람은 흑인 코미디언 크리스 락 Chris Rock. 그가 각본, 감독, 주연을 맡은 〈헤드 오브 스테이트〉는 후보의 스캔들을 막기 위해 선거사무소에 섹스를 위한 글래머 미녀 군단을 두는 등 말도 안 되는 설정의 영화지만, 마지막까지 선거전을 포기하지 않는 주인공의 대사는 진심이다. "지금 내가 여기서 꺾인다면, 다음에 흑인 후보가 나오는 것은 50년 후입니다!"

50년이 아니라 불과 5년 후, 이 상황은 현실이 되었다. 더군다나 이 현실은 SF도, 코미디도 아니다.

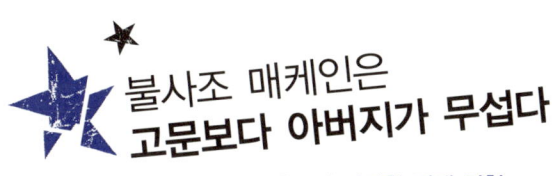

불사조 매케인은
고문보다 아버지가 무섭다
불굴의 대통령 후보와 장렬한 전쟁 경험

대통령 경선 막바지인 2월 5일 슈퍼 화요일, 공화당의 대통령 후보는 존 매케인 상원의원으로 거의 확정되었다.

한때 열세를 보이다가 부활한 매케인을 언론은 '불사조'라 불렀다. 그의 지역구인 애리조나 주 피닉스 시에서 따온 별명이지만, 실제로 그는 몇 번이나 말 그대로 화염에 휩싸였다가 살아 돌아온 사람이다. 그의 반생은 2005년 〈아버지들의 신념 Faith of My Fathers〉이라는 TV 영화로도 만들어졌다.

'아버지들'이란 매케인의 아버지와 할아버지를 뜻한다. 두 사람 모두 해군 제독 출신으로, 2차 세계대전에서 일본군과 싸운 영웅이다. 매케인도 해군 파일럿이 되어 베트남 전쟁에 참전했다. 그가 참가한 것은 '롤링선더 작전'. 공격기를 타고 북베트남의 수도 하노이에 저공으로 진입한 후, 대공 포화를 뚫고 발전소와 군사 공장을 폭격하는 임무를 맡았다. 파일럿의 30퍼센트 이상이 전사하거나 행방불명되는 위험한 임무였다.

게다가 매케인은 해군 사상 최악의 사태에 휘말린다. 폭탄을 가득 실은 A4E 공격기를 타고 항공모함 포레스탈에서 이륙하기 직전, 뒤에 있던 팬텀 전투기에서 오발된 미사일이 매케인이 타고 있던 공격기의 연료 탱크를 관통한 것이다. 연료는 소용돌이치는 화염으로 변해 갑판으로 분출되었다. 매케인은 가까스로 조종석에서 탈출했지만, 싣고 있던 폭탄이 폭발. 갑판에 실려 있던 20기가 화염에 휩싸여 폭탄이 차례차례 유폭. 134명이 사망한 대참사였다. 매케인은 첫 폭풍爆風으로 날아가 화상을 입었지만 가까스로 살아남았고, 상처가 낫자마자 폭격에 복귀했다.

1967년 10월, 스물세 번째 폭격에서 매케인은 미사일에 격추되었다. 미국 신문은 "제독의 장남, 격추"라고 보도했다. 어머니와 아내 모두 그의 죽음을 각오했지만, 매케인은 살아 있었다. 탈출 당시의 충격으로 양쪽 팔과 한쪽 무릎에 골절상을 입은 데다 베트남 병사한테 총대로 맞아 어깨가 으스러지고 총검에 발까지 찔렸건만, 그는 치료도 받지 못한 채 포로수용소에 방치되었다. 얼마 후 베트남 군대는 매케인의 아버지가 적의 제군, 그것도 태평양 방면 사령관이라는 사실을 알고는 서둘러 치료해 주었다. 협상의 인질로 삼기 위해서였다. 베트남 군대는 곧 유리한 조건을 얻었고, 포로 교환을 위해 매케인을 돌려보내려 했다. 그런데 그가 거부했다. 제독의 아들이라는 이유로 다른 포로들보다 먼저 돌아갈 수는 없다는 것이 이유였다. 결국 그는 5년 반 동안 포로 생활을 계속했다.

그 후 베트남 군대는 프로파간다를 위해 매케인에게 미국의 행위를 참회시키려고 했다. 연일 고문이 이어졌다. 아직 상처가 낫지 않은 팔을 뒤로 결박한 채 매달았다. 모래가 섞여 있는 식사 때문에 그는 치아를 네 개나 잃었다. 매케인도 끝내는 고문을 견디지 못했고, 참회 테이프가 촬영되었다. 아버지를 배신한 자신에게 절망하여 매케인은 목을 매려 했지만 실패했다.

1973년 미국은 베트남에 패배하고 매케인은 석방되었다. 서른여섯이 된 그의 머리는 새하얗게 변했고 무릎과 팔에는 평생 고칠 수 없는 장애가 남았다. 전장으로 돌아갈 수 없게 된 그는 홍보관이 되어 정치가의 길을 걷기 시작했다. 그러나 매케인은 베트남을 원망하지 않았다. "친구가 된 남자끼리 서로 증오하는 것은 비극이다." 라고 말한 그는, 1990년대에 상원의원으로서 베트남과 미국의 가교 역할을 하며 국교 정상화를 이끌었다. 테러 용의자의 고문을 허용하는 부시 행정부에 대해서도 고문을 경험한 사람으로서 강력하게 저항했다.

부시도 전쟁 영웅의 아들이지만, 부모의 연줄로 주병이 되어 베트남 징병을 피했다. 그런 주제에 2000년 경선에서는 매케인이 "베트남에서 고문을 당해 정신병자가 되었다."는 유언비어를 퍼뜨렸다. 그런 부시의 반생이 올리버 스톤의 영화에서 그려졌다. 알코올 중독인 버릇없는 부잣집 도련님이 기독교 원리주의에 눈을 뜬 후 새로 태어나고, 그 기세를 몰아 대통령의 자리에까지 올라 명분 없는 전쟁을 일으키고 만다는 스토리.

매케인의 영화와 달라도 너무 다르다!

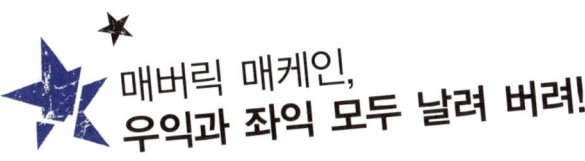

매버릭 매케인,
우익과 좌익 모두 날려 버려!

미국의 우파는 공화당 후보에게 불만이 많다

미국에 살면서 가장 놀란 것은 우익 평론가들의 독설이다. AM 라디오를 켜면 1000만 청취자를 자랑하는 러시 림보Rush Limbaugh가 "인구의 20퍼센트도 되지 않는 흑인의 권리 따위는 무시하라."며 웃는다. 마이클 새비지Michael Savage는 그의 이름처럼 야만스럽게savage "불법 이민자는 기총소사(비행기에서 목표물을 비로 쓸어 내듯이 기관총으로 쏘는 일—옮긴이)로 모두 죽여야 한다."며 선동한다.

이와 같은 우익 라디오 토크쇼는 1980년대부터 시작되어 큰 인기를 모았다. 3대 TV 네트워크나 주요 신문들은 '진보 편향'을 내세우며 전쟁을 반대하고 인권을 옹호하는 논조를 유지했지만, 보수적인 사람들은 "전쟁 만세", "외국이 어찌 되든 알 바 없다", "소수파는 성가신 존재다", "민주당은 빨갱이다"라고 외치는 림보들에게 박수갈채를 보냈다.

1994년 공화당이 상·하원을 장악하여 보수 혁명을 성공시켰을 때, 공화당은 러시 림보를 공로자로 치하했다. 그리고 어느새 AM 라디오는 우익 토크쇼 일색이 되어 버렸다.

그런데 이 우익 평론가들이 공화당의 대통령 후보인 존 매케인을 공격하기 시작했다. 림보는 "매케인은 공화당의 배신자다."라고 외쳤고, 앤 쿨터는 "매케인이 대통령이 되느니 차라리 힐러리가 되는 게 나아요."라고 말했다.

매케인은 '공화당의 매버릭(이단자)' 이라는 별명을 갖게 되었다. 공화당은 동성 간의 결혼을 법률로 금지하고, 반체제 시민의 도청을 합법화하고, 총기 규제를 완화하고, 부자와 대기업의 세금을 감해 주고, 복지를 축소하는 법안을 제출해 왔지만 매케인은 대부분의 법안에 강력히 반대했다. 일찍이 그는 불법 이민자를 범죄자로 취급하는 법안을 제출한 공화당 의원에게 "Fuck you!"라고 욕을 하며, "우리 모두는 이민자의 자손들이 아닌가."라는 연설을 했다. 그리고 민주당의 테드 케네디 Ted Kennedy 의원과 협력하여 불법 이민자들이 미국 국적을 취득할 수 있도록 원조하는 내용의 법안을 제출했다.

"매케인은 민주당으로 가라."고 림보는 외친다. 실제로 2004년 대선에서는 민주당의 존 케리 후보가 매케인에게 부통령 후보를 제안했다. 하지만 그는 거절했다. 왜일까?

"공화당을 옛날로 되돌리고 싶다."고 매케인은 말한다. 흑인 노예를 해방시킨 링컨은 공화당원이었고, 공화당의 아이젠하워는 소련과 함께 군산복합체(군부와 대기업이 공동의 이익을 위해 서로 의존하는 체제—옮긴이)를 비판했다. 공화당이 극우로 변한 것은 복음주의자들을 지지 기반으로 삼기 시작한 1980년대부터이다. 복음주의가 정치를 지배하는 현 상황을 매케인은 "정교분리라는 미국의 건국이념에 반한다."고 비판했다. 물론 맞는 말이다. 하지만 절대로 해서는 안 되는 말이기도 했다. 2000년 대선 경선에서 복음주의자들은 "매케인은 절대로 대통령이 되어서는 안 된다."며 신자들을 총동원했고, 경쟁 후보인 부시를 당선시켰다.

그런데 지금 매케인이 대통령 후보 1순위에 오른 것이다. 복음주의 최대의 TV 전도사 팻 로버트슨이 지지한 목사 출신의 마이크 허커비Mike Huckabee 후보, 폭스뉴스가 지지한 줄리아니 후보 모두 매케인에게 패했다. 그 이유는 간단하다. 우익 세력이 지원한 부시 행정부에 실망했기 때문이다. 실패한 이라크 전쟁, 결론이 안 나고 있는 테러와의 전쟁, 사상 최대의 재정 적자, 출구가 보이지 않는 불경기. 부시의 지지율과 함께 폭스뉴스를 비롯한 우익 언론의 인기는 바닥으로 떨어졌다.

"하지만 그들은 언젠가 다시 일어설 겁니다." 방송 잡지《토커스Talkers》의 편집인 마이클 해리슨Michael Harrison은 말한다. "이번에는 누가 대통령이 되든지 우익의 적이기 때문입니다. 비난할 적이 있으면 시청률은 오르기 마련이지요." 망해도 혼자 망하지는 않을 거라는 얘기다.

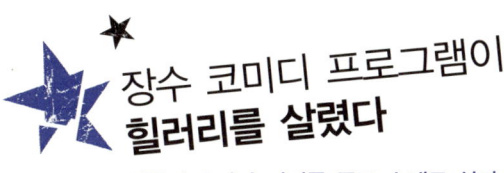

장수 코미디 프로그램이 힐러리를 살렸다

★ 언론의 오바마 지지를 콩트 소재로 삼다

2008년 3월 힐러리는 궁지에 몰렸다. 민주당의 대선 경선에서 오바마가 백전백승하고 있었기 때문에 3월 4일 텍사스와 오하이오에서 힐러리가 이기지 못하면 패배가 확정될 참이었다.

오바마의 쾌진격快進擊을 지원한 것은 TV와 잡지였다. 특히 TV 토론에서 사회자는 항상 힐러리에게 신랄한 질문을 던지는 반면, 오바마에게는 무르게 대했다. 눈을 치켜뜨고 반론하는 힐러리와 여유 만만하게 미소를 짓는 오바마의 얼굴이 강하게 대비되었다. 이 상황을 블루스 브라더스와 에디 머피를 발굴한 장수 코미디 프로그램 〈새터데이 나이트 라이브Saturday Night Live〉가 소재로 삼았다. 2월 23일 방송에서, 사흘 후 뉴스 전문 채널 MSNBC에서 열릴 토론을 콩트로 미리 보여 준 것이다.

사회자는 여성 코미디언 에이미 포엘러Amy Poehler가 연기하는 힐러리를 마구 괴롭힌다. "NAFTA(북미자유무역협정) 때문에 미국의 제조업이 어려워졌다고 하는데, 힐러리 씨는 2002년에 NAFTA를 찬미했지요?"

"아, 그때는…."

"잡아떼지 마! 증거는 넘칠 만큼 있어! 이것이 당시의 테이프와 사진이다!" 마치 범죄자를 취조하는 장면 같다.

일단 오바마에게도 질문한다. "당신은 너무 많이 모인 선거자금을 국민들에게 나누어 주겠다고 말씀하셨는데, 사실인가요?" 오바마는 "…노력하겠습니다."라고 한마디로 대답한다. 그러자 사회자는 "성의 있는 답변, 감사합니다! 어려운 질문을 드린 무례함을 부디 용서해 주시기 바랍니다."라고 공손하게 말한다. "이 토론회는 너무 불공평하잖아요!"라고 항의하는 힐러리에게 사회자는 차갑게 말한다. "누구한테 어떤 질문을 하건 내 맘이라구."

여기서 끝이 아니다.

"힐러리 씨, 푸틴 대통령의 후계자 이름은 뭐죠?"

"네? 아, 그러니까 드, 미트리, 메드, 메드베…."

"땡! 드미트리 메드베데프입니다. 오바마 씨, 같은 질문입니다."

"…드리트리 메드베데프?"

"딩동댕! 오바마 씨는 역시 훌륭합니다! 힐러리 씨, 다음 질문입니다. 스리랑카의 UN 대사는 누구일까요?"

"아, 알고 있어요! 음, 그러니까…."

"땡! 지금 질문은 함정이었습니다. 스리랑카의 UN 대사는 현재 공석입니다. 그럼 오바마 씨, 같은 질문입니다."

"…공석?"

"딩동댕! 이 토론회는 오바마 씨의 승리입니다!"

이런 말도 안 되는…이라고 생각했지만, 사흘 후에 열린 진짜 토론회에서 거의 동일한 상황이 벌어졌다. 사회자는 어떤 질문이든 반드시 힐러리에게 먼저 하고 나서 오바마에게 같은 질문을 했다. 오바마는 힐러리의 발언에서 오류를 지적하며 점수를 땄다. 이런 상황이 한동안 이어지더니, 드디어 힐러리가 폭발했다.

"아까부터 꼭 저에게 먼저 질문을 하시는데, 혹시 지난주에 〈새터데이 나이트 라이브〉를 보신 것 아닌가요?"

매스컴은 일련의 상황을 보도하고, 지금까지 오바마에게 편중되었던 자세를 반성하는 코멘트를 내보냈다.

그리고 3월 4일 투표. 힐러리는 텍사스와 오하이오에서 승리하며 오바마의 진격을 막았다. 《뉴욕타임스》를 비롯한 수많은 잡지들은 "힐러리를 구한 것은 코미디 프로그램"이라고 분석했다.

힐러리는 〈새터데이 나이트 라이브〉의 생방송 스튜디오를 찾아가 자신을 연기했던 에이미 포엘러에게 감사를 전했다. "그 콩트는 저를 응원하기 위한 것이었나요?"라고 힐러리는 물었지만, 물론 그

럴 리가 없다. 에이미가 콩트에서 연기하는 힐러리는 항상 꽥꽥 소
리나 지르고 건방진 데다 히스테리나 부리는 재수 없는 X니까!

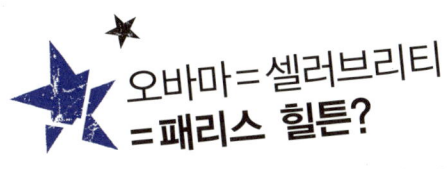

오바마＝셀러브리티 ＝패리스 힐튼?

누가 흑인 대통령을 두려워하는가

'오벌 오피스'라 불리는 백악관의 대통령 집무실에 차기 대통령 버락 오바마와 그의 부인 미셸이 서 있다. 단, 오바마는 터번을 두르고 이슬람교의 정장을 입고 있으며, 미셸은 1960년대 흑인 과격파 흑표범당·Black Panther 풍의 전투복 차림이다. 난로에는 성조기가 타고 있고, 그 위에는 오사마 빈 라덴의 초상화가 걸려 있다. 오바마와 미셸은 웃으며 주먹을 맞대고 있다.

이것은 2008년 7월 21일자 《뉴요커The New Yorker》의 표지 일러스트다. "이 일러스트는 오바마 후보를 향한 우파 언론의 '공포 전술'을 희화한 것이다."라고 이 잡지는 코멘트했다.

버락 후세인 오바마라는 아랍어 어원의 스와힐리 이름에, 케냐인 아버지와 인도네시아인 양아버지가 있다는 이유로 오바마 후보는 끊임없이 '이슬람 스파이 의혹'에 시달렸다. 실제로는 아버지와 양아버지 모두 무신론자라고 해도 좋을 만큼 신앙심이 없다. 게다가 오바마 자신도 이슬람 교육을 받은 적이 단 한 번도 없으며, 지금은 독실한 기독교 신자이다. 애당초 스스로 당당하게 이슬람의 이름을 댈 만큼 얼빠진 이슬람 스파이가 있을 리 없지 않은가. 그럼에도 불구하고 TV 인터뷰에서 민주당원이 "어쨌든 후세인 같은 미들네임을 가진 사람이 대통령이 되는 건 무섭지 않나요?"라고 말하는 것을 보니, 공포 전술의 효과가 있긴 있는 모양이다.

대통령 자리를 놓고 오바마와 경쟁하는 매케인 후보는 "오바마 후보에게 더티 트릭(야비한 정치 공작)은 쓰지 않겠다."고 약속했다. 2000년 경선에서 부시 진영으로부터 양녀에 대한 인종차별적인 중상모략으로 공격을 당하고 깊은 상처를 받았기 때문이다. 완고하지만 청렴결백한 성품을 지닌 매케인은 현재까지 약속을 지키고 있다. 고작해야 TV CF에서 오바마와 브리트니 스피어스, 패리스 힐튼을 나란히 세워 놓고 "모두들 셀러브리티군요. 하지만 과연 국가의 리더가 될 수 있을까요?"라고 비아냥거리는 정도다.

사실 매케인이 굳이 더티 트릭을 쓰지 않아도, 오바마가 대통령이 되는 것을 원치 않는 무리들이 대신 해 준다. 오바마는 미국을 멸망시킬 파괴분자라며 국민들의 공포심을 부채질한다. 오바마가 민주당 경선에서 승리했을 때 미셸 여사와 주먹을 맞대는 모습이 TV

에서 방송되자, 폭스뉴스는 "테러리스트의 인사법인가!?"라며 법석을 떨었다. 저기, 그런 인사는 길거리에서 다들 하거든.

8월에는 TV에서 '오바마는 테러리스트의 제자'라는 CF가 등장했다. 시카고에서 빈곤층 구제 활동을 하던 때, 오바마는 빌 아이어스Bill Ayers라는 1960년대 극좌 폭탄테러 그룹의 멤버와 각별한 사이였다. CF는 "의사당을 폭파하려 했던 자의 친구를 대통령으로 뽑으시겠습니까?"라고 시청자들에게 질문을 던진다. 아이어스는 1980년에 자수한 후 불법 기소로 무죄 판결을 받았다. 오바마와 만난 것은 우연히 같은 지역에 살고 있었기 때문이며, 당시 그는 나이 들고 선량한 일리노이 대학의 교수일 뿐이었다. CF는 '아메리칸 이슈 프로젝트American Issues Project'라는 단체가 제공했는데, CF를 제작하는 데 든 비용 280만 달러의 출처는 알려지지 않았다.

오바마는 인터넷을 이용한 소액 기부로 막대한 선거자금을 모으며 사이버 세대의 후보자로 불리기도 했지만, 한편으로는 블로그와 체인메일(행운의 편지처럼 확산되는 이메일)에 의한 끊임없는 중상모략에 시달리기도 했다. 나도 그런 메일을 받은 적이 있는데, 거기에는 "미셸 여사는 흑인 과격파다!"라고 적혀 있었다. 그녀가 프린스턴 대학에 다니던 시절에 쓴 논문에서 스스로를 '인종분리주의자'라고 규정하고, 백인에 대한 흑인의 우월성을 주장했다는 것이다. 뿐만 아니라 그녀가 백인을 화이티(흰둥이)라고 불렀다는 이메일도 확산되었는데, 실제로는 모두 사실무근이었다. 오바마 진영은 문제의 논문을 사이트에 게재하며 반박했지만, 일부러 논문을 읽을 사람이 과연 몇이나 될까.

그 밖에도 수많은 거짓말이 인터넷에 퍼졌다. "오바마의 선거자금은 외국에서 보내온 것이다", "사실은 미국 국민이 아니다", "오바마는 연설을 너무 잘하기 때문에 히틀러가 살아 돌아온 것임에 틀림없다", 심지어는 "신약성서의 묵시록에 등장하여 세계를 파멸시킨 적그리스도는 오바마다"라는 얘기까지 있었다! 이렇게 해서 오바마에 대한 정체를 알 수 없는 공포가 확산되어 갔다. 정책 논쟁을 이해하지 못하는 사람들의 귀에도 이러한 소문은 들어갔다.

단, 어떤 소문을 들어도 '확실하게 속내를 드러내지 않고 있다'는 답답함이 느껴진다. 사실 그들이 정말 두려워하는 것은 '흑인 대통령의 탄생'이다. 그렇다고 있는 그대로를 다 말할 수는 없는 노릇이기에 거짓말을 만들어서 퍼뜨린 것이다. 인종차별주의자들에게도 오바마는 비난하기 쉽지 않은 존재이다. 어머니는 백인인 데다 부시나 체니와 같은 선조이고, 아버지도 미국 흑인 노예의 자손이 아니기 때문에 니그로(흑인 노예를 멸시하여 부르는 말)라고 욕할 수도 없다.

아니, 그들이 정말로 두려워하는 것은 흑인 대통령의 탄생이 아닐지도 모른다. 만약 이번에 오바마가 대통령이 되지 못한다고 해도, 2042년에는 백인이 소수파가 될 것(중남미계가 전체 인구의 50퍼센트를 넘어 최대가 된다)으로 예측되고 있기 때문이다. 백인이 미국의 지배자로 군림할 수 있는 시간은 기껏해야 앞으로 35년. 멈출 수 없는 시대의 흐름에 떨면서, 이를 조금이라도 늦추기 위해 필사적으로 저항하고 있는 자들이 오바마를 괴롭혔던 것이다.

옛날 옛날에 '헤픈이 나라' 와 '짠돌이 나라' 가 있었습니다. 짠돌이 나라는 열심히 일을 해서 제품을 만들고 싸게 팔았습니다. 헤픈이 나라는 제품을 만들면 인건비가 든다며 짠돌이 나라의 값싼 제품을 수입해서 생활했습니다. 짠돌이 나라는 열심히 일해서 번 돈을 저축했습니다. 헤픈이 나라는 돈이 부족해지자 짠돌이 나라에서 빌려 왔습니다. 짠돌이 나라는 단골 고객에게 기꺼이 돈을 빌려 주었습니다. 그러는 사이 헤픈이 나라는 돈을 조달하기 위해 토지와 기업을 짠돌이 나라에 팔기 시작했습니다. 이렇게 해서 헤픈이 나라의 회사가 얻는 이익과 부동산 임대료는 전부 짠돌이 나라로 흘러 들어가게 되었습니다. 그러던 어느 날, 짠돌이 나라는 헤픈이 나라에게 지금까지 빌려 준 돈을 모두 돌려 달라고 말했습니다. 물론 돌려줄 돈 같은 건 없었습니다. 이렇게 해서 헤픈이 나라는 통째로 짠돌의 나라의 것이 되어 버렸습니다….

이 동화는 2007년 《포브스Forbes》가 선정한 세계 부호 순위에서 1위에 오른 미국의 투자가 워렌 버핏Warren Buffett이 2003년 3월호 《포춘Fortune》에 쓴 것이다. 그는 이 동화에서 미국의 무역 적자는 매국으로 이어진다고 경고할 생각이었겠지만, 아무런 보람도 없이 이 동화는 현실이 되고 있다. 현재 달러와 주가의 급락으로 헐값에 매각하게 된 미국의 기업과 부동산을 다른 나라들이 엄청난 기세로 사들이고 있다.

미국에서 가장 많이 팔린다는 맥주 버드와이저의 생산업체인 앤호이저 부시를 브라질과 벨기에의 맥주 회사 인베브가 520억 달러에 인수했다(매케인 여사는 앤호이저 부시의 대주주).

미국 최대의 가전업체 GE(제너럴 일렉트릭)에 대해서는, 대표 상품인 가스레인지와 냉장고 등의 가전산업 부문을 한국의 LG와 중국의 하이얼이 세계 최초로 인수하려 했다(2008년 12월 GE는 가전산업 부문의 매각 계획을 철회했다 —옮긴이). 미국이 세계의 첨단을 걷는 바이오테크놀로지 산업의 최대 기업 제넨텍은 스위스의 제약업체 로슈의 소유가 된다. 포드와 GM은 경영이 지나치게 악화되어 인수하겠다는 사람도 없지만, 벤츠로부터 버림받은 크라이슬러는 인도의 타다와 이탈리아의 피아트가 제휴하여 구제해 줄 예정이라고 한다.

기업뿐만이 아니다. 뉴욕의 마천루를 상징하는 크라이슬러빌딩은 아부다비 국부펀드가 8억 달러에 사들였다. 해외 투자가들은 부동산 거품이 붕괴되면서 좋은 투자 대상으로 떠오른 미국의 부동산을 사 모으고 있다. 2007년, 외국에 팔린 미국의 부동산은 522억 달러로 지금은 두 배 이상 올랐다고 한다.

쌉니다, 싸요! 미국을 떨이에 가져가세요!

이 기세는 일본 기업이 록펠러센터 등을 사들였던 1980년대를 능가한다. 그래도 뱅크오브아메리카^{BOA}의 수석 시장전략가 조셉 퀸란^{Joseph Quinlan}은 《타임》지와의 인터뷰에서 "경기 침체 상황인 만큼 돈이 필요하다."며 외국 기업의 인수를 환영하고 있다. "이제 미국은 수입이 생기고 고용도 창출될 것이다." 그야, 당장은 상황이 조금 나아질지 모르지만, 미래를 생각해도 과연 그런 말이 나올까? 지금 너희들이 팔고 있는 건 비즈니스나 토지뿐만 아니라 미국 그 자체라고!

레이건 행정부 시절부터 미국은 신자유주의를 바탕으로 전력과 가스, 수도 등의 공공 서비스를 모조리 민영화했다. 민영화했다는 것은 인수가 가능하다는 얘기. 영국의 내셔널 그리드사는 나이아가라 모호크와 같은 미국 동부의 전력·가스 회사를 차례차례 인수하고 있다. 도쿄전력이 중국에 팔리는 사태를 상상해 보라. 국민 생활에 꼭 필요한 광열비가 외국으로 흘러 들어가 버린다. 게다가 가스와 전기의 인프라 정비에는 정부의 막대한 자금이 제공된다. 물론 세금이다.

세금 얘기가 나왔으니 말인데, 방위산업 제조업체 DRS 테크놀로지사도 이탈리아의 소유가 되어 가고 있다. 군사비를 투입하면 외국이 돈을 번다니, 말이 되는가.

연방정부 자체도 넘어가고 있다. 부시가 만든 10조 달러의 재정 적자 때문에 미국은 국채를 마구 찍어 대고 있는데, 국채의 44퍼센트를 외국이 사고 있다. 가장 많이 사는 나라는 일본, 두 번째는 중국이다. 부시 행정부는 자유방임경제라는 신조 아래 중국의 대미 수출 확대에 아무런 제동도 걸지 않았다. 그 결과 중국은 미국 최대의 무역 적자 상대국이 되었다. 중국은 벌어들인 돈으로 달러와 국채를 사면서 단골 고객인 미국을 뒷받침하고 있다. 워렌 버핏의 동화와 같다. 그렇기 때문에 부시는 북한이나 티베트 문제에 있어서도 중국에 강하게 나가지 못했다. 어쨌든 상대는 최대의 채권자 '님'이다.

유가 급등으로 막대한 이익을 올리고 있는 산유국도 국채를 비롯해 미국의 자산을 사들이고 있다. 사우디아라비아가 비민주적인 독재를 계속해도, 미국은 '사우디 자유 작전' 따위는 결코 시도하지 않는다.

물론 차기 대통령이 노력해서 미국의 경기를 회복시킬 수도 있다. GDP도 오를지 모른다. 하지만 이미 미국의 수많은 기업과 부동산이 외국의 소유가 되어 버렸기 때문에 노력해서 얻은 이익은 외국으로 흘러 들어가고, 정부의 세수도 외국에서 빌린 돈을 갚는 데 써야 한다.

1992년 프랜시스 후쿠야마 Francis Fukuyama의 《역사의 종언 The End of History》이 베스트셀러가 되었다. 소련이 붕괴된 후 미국의 일극 지배 아래 대규모 전쟁은 없어지고, 자유시장경제와 민주주의가 세계로 확산되며 발전해 간다는 내용을 담고 있다. 그 이듬해 클린턴이 대통령에 취임하면서 미국은 경제적으로 크게 약진했고, 세계 최강의 패권국가가 되었다. 그런데 2006년 후쿠야마가 출간한 책의 일본 내 제목은 《미국의 종언 America at the Crossroads》이었다. 불과 10년 남짓한 시간 동안 미국은 정상에서 '종언'으로 단번에 전락하고 만 것이다. 왜일까?

2008년에는 《뉴스위크》지의 기자 파리드 자카리아 Fareed Zakaria가 《흔들리는 세계의 축: 포스트 아메리칸 월드 The Post-American World》를 펴냈다. 이 책은 19세기는 대영제국의 시대였고 20세기는 미국의 시대였지만, 그런 시대도 이제 끝나 간다는 내용을 담고 있다. 자카리아와 후쿠야마가 공통으로 들고 있는 미국 몰락의 원인은 당연히 이라크 전쟁이다. 명분 없는 전쟁 때문에 미국은 윤리적인 정당성을 잃었다. 또한 최신, 최강의 하이테크 무기로 세계를 떨게 해도 모자

랄 판에 수제 폭탄밖에 없는 게릴라들을 몇 년째 제압하지 못하고 있을 뿐만 아니라, 아프간에도 승리하지 못하는 등 최강의 군대가 지닌 위엄이 땅에 떨어졌다.

"이라크 전쟁은 대영제국 몰락의 계기가 된 보아 전쟁의 재현"이라고 《흔들리는 세계의 축》은 지적한다. 19세기 말 세계의 정상에 있던 영국은 돈과 다이아몬드를 노리고 남아프리카를 침공하지만, 보아인(네덜란드계 이민자)의 저항에 부딪히면서 지구전에 돌입했다. 겨우 반란을 평정했을 때는 군사적, 경제적으로뿐만 아니라 정신적으로도 피폐해진 상태였고, 결국 쇠퇴의 길을 걷기 시작했다.

《흔들리는 세계의 축》은 미국 몰락의 또 다른 원인은 '글로벌화'라고 말한다. 미국 스스로 자유시장경제와 민주주의를 전 세계로 확산시킨 탓이라고. 냉전이 끝나고 러시아, 중국, 인도, 그 밖에 여러 나라들이 시장경제라는 게임에 참가하기 시작했다. 이 나라들은 엄청나게 싼 인건비와 거대한 인구, 잘 보존된 자원을 가지고 있었다. 이런 조건으로 자유경쟁을 한다면 미국이 이길 리가 없다.

미국이 궁지에 몰렸는데도 미국의 투기꾼들은 금방이라도 망할 것 같은 미국 기업이 아니라 상승세를 타고 있는 아시아나 동유럽, 중동, 중남미의 기업에 투자하여 돈을 벌었다. 투자자로서는 당연한 일이지만, 덕분에 넉넉한 투자를 받은 신흥국의 산업은 빠르게 성장해 갔다.

"미국은 이제 더 이상 세계 최강이 아니다."

자카리아는 말한다.

세계에서 제일 높은 빌딩은 대만에 있지만(101층), 이제 곧 완공되는 아랍에미리트연합의 버즈 두바이(162층)가 이 기록을 깬다. 인도에서는 세계 최대 규모의 정유소를 건설하고 있다. 중국의 사우스차이나 몰은 세계에서 가장 큰 쇼핑몰이다. 세계에서 가장 많은 승객을 태우는 에어버스는 영국, 프랑스, 독일, 스페인 4개국이 공동으로 개발한 것이다. 세계에서 가장 많은 돈이 오가는 카지노의 도시는 이제 라스베이거스가 아니라 중국의 마카오다. 《포브스》지가 발표한 세계 부호 10인 가운데 미국인은 고작 두 명이며, 인도인 두 명과 멕시코인 한 명 등이다.

그래도 달러가 세계의 기축통화로 존재하는 한 모든 나라들은 벌어들인 돈을 달러로 바꿀 수밖에 없다. 글로벌화된 시장경제라는 게임의 팁은 달러이기 때문에 미국은 아무것도 만들지 않아도 돈을 벌수 있을… 줄 알았다. 그러나 달러 체제마저 붕괴되고 있다는 것은 모두가 알고 있는 사실.

지금 아메리칸 드림은 죽어 가고 있다.

미국으로 이민 온 대다수의 사람들은 가난한 하층 노동자였지만, 그들의 아이는 자신의 가게와 회사를 소유했다. 다시 그 다음 세대의 아이들은 대학에 다니고 수입을 더욱 늘리며 집을 샀다. 이런 식으로 아이들은 항상 부모보다 풍족해졌다. 그런데 이제 그 흐름은 멈췄다. 임금은 물가 상승을 따라가지 못하고, 은행에 저축을 해도 지금과 같은 저금리 상황에서는 불어나지 않는다. 부동산 거품이 붕괴되면서 대출을 받을 수 없게 되었고, 집을 산다고 해도 가격은 계속 내려간다.

대학 진학률도 떨어지고 있다. 재정난 때문에 공립학교의 교육 수준은 매년 낮아지고, 미국의 15세 학생의 수학 성적은 세계 29위. 고등학교에서는 세 명 중 한 명이 중퇴한다. 학비 증가로 중산층에서조차 아이를 4년제 대학에 보내기가 어려워졌고, 학생은 학자금 대출에 의지할 수밖에 없게 되었다. 요즘 젊은이들은 사회에 나간 시점에서 이미 10만 달러 이상의 빚을 떠안고 있다.

그렇기 때문에 세계에서도 최고 수준을 자랑하는 미국의 일류 대학은 미국인에게 있어 그림의 떡이고, 대부분의 학생은 외국인이다. 《흔들리는 세계의 축》에 따르면, 미국 대학에서 박사 학위를 취득하는 사람 가운데 40퍼센트가 외국인이고, 이 비율은 2010년에 무려 70퍼센트를 넘어선다! 참고로 중국과 인도의 급성장을 견인한 것은 7만 명의 미국 대학 졸업자들이다.

미국은 전 세계에 자유경제와 민주주의, 교양을 확산시키고 투자하며 발전시킴으로써 역사적인 역할을 다하고, 자신은 과거의 로마나 대영제국처럼 몰락하고 말 것인가. 그렇게 생각하면 부시는 실로

'신이 선택한 자' 인지도 모른다. 미국에 최후의 선언을 하기 위해서…

그래도 미국에 희망이 아주 없는 것은 아니다. 미국은 현재 그 어떤 나라보다도 힘차게 피를 순환시키고 있기 때문이다. 예를 들어 내 아내는 미국 대학에서 정보공학을 전공하고 실리콘벨리의 IT 기업에 취직했는데, 그곳에는 전 세계의 기술자들이 모여든다. 아내의 회사 동료가 여는 홈파티에 가 보면 한국, 인도, 러시아, 필리핀, 독일, 브라질 사람들이 있고, 전 세계의 가정 요리가 가득하고, 사람들이 말하는 영어의 억양도 가지각색이다. 하이테크 산업뿐만 아니라 바이오, 엔터테인먼트, 금융 등 최첨단 비즈니스의 직장은 모두 이런 식으로 다국적, 다민족이다.

평생 단 한 번도 외국에 나가 보지 않고, 외국에 대해 아무것도 모르며, 성서 이외의 가치를 부정하는 '부시스러운' 미국인들이 존재하는 한편에는 이런 무지개 색깔의 미국도 존재한다.

이번 대선에서는 무지개 색깔의 미국이 반격을 했다. 오바마의 아버지는 케냐의 유학생, 어머니는 중서부 캔자스 출신으로 백인 노동자의 딸이다. 소년기를 인도네시아에서 보냈고, 사춘기 때에는 백인 조부모 밑에서 자랐으며, 성인이 되어서는 흑인 사회를 경험했다. 어린 시절에는 음식 할인권이 없으면 살아갈 수 없을 만큼 가난했지만, 나중에는 미국 최고의 학부인 하버드에 진학했다. 이슬람의 이름을 가지고 있으면서도 기독교인이다. 오바마라는 한 인물 안에 미국과 세계가 안고 있는 다양한 대립이 공존한다. 한편 매케인도 자신을 5년 이상이나 고문하며 장애를 갖게 한 베트남과 국교를 정상화했고, 방글라데시의 고아를 친자식처럼 기르고 있으며, 불법 이민자들을 구하기 위해 초당적으로 싸웠다.

일원적인 미국을 고수하려는 사람들은 싫어하겠지만, 미국은 세계와 혈관을 연결하여 새로운 피를 수혈받고 있다. 그것이 미국을 재생시킬지도 모른다. 또한 미국에서 공부한 후 중국으로 돌아간 수만 명의 인재들은 중국의 경제뿐만 아니라 사회와 정치에까지 영향을 미칠 것이다. 다른 나라도 마찬가지다. 그 상호 관계가 '포스트 아메리칸 월드'를 만들어 갈 것이다.

이웃들이나 딸이 다니는 학교 친구의 부모들은 이란, 쿠웨이트, 아프가니스탄, 중국, 대만, 몽골, 티베트, 한국, 인도, 파키스탄, 방글라데시, 라오스, 베트남, 태국, 인도네시아, 멕시코, 엘살바도르, 과테말라, 러시아, 우크라이나 출신이다. 모국끼리는 대립하고 있을지언정 여기서는 모두 이웃이며 때로는 결혼하는 사람도 있다. 세계 각국의 사정은 먼 외국의 일이 아니라 항상 가까운 문제로 느껴진다. 이곳에 사는 것은 '세계'에 사는 것과 같다. 그래서 당분간은 이곳에 좀 더 머무를 생각이다.

이 책은《주간현대週刊現代》의 연재 칼럼 '미국에서 먹는 된장국' 에서 발췌한 내용과《논좌論座》,《사이조サイゾー》등에 실렸던 기사, 그 리고 그 밖의 기사들을 추가한 것이다. 나에게 연재를 맡겨 주신《주 간현대》의 가토 편집장(당시), 매회 재미있는 일러스트를 그려 주신 우치자와 준코 씨, 담당 편집자인 도이 씨, 나카미쓰 씨 외에도 각 잡지의 담당 편집자 여러 분, 멋진 추천사를 써 주신 스이도바시 하 카세 씨, 그리고 이 책을 담당하신 메자키 게조 씨에게 진심으로 감 사를 드린다.

그렇다고 해도 일본은 미국의 국채를 가장 많이 사고 있는, 이른 바 스폰서 나라인데 언제까지 미국의 요구를 일방적으로 들어주기 만 할 생각인지….

한국어판 출간에 부치는
저자의 말

이 책의 에필로그를 쓴 것이 2008년 9월. 그해 11월 대선에서 버락 오바마 후보가 압도적인 승리를 거두었다. 오바마는 에필로그에서 말했던 것처럼 미국을 구할지도 모르는 '무지개 색깔의 미국'을 대표하는 인물이다.

올해 1월에 취임한 오바마 대통령은 취임식 당일부터 책에서 언급한 문제들, 즉 부시가 엉망진창으로 만들어 버린 미국의 상처를 열심히 치료하기 시작했다. 먼저 취임식에서는 기독교 복음주의 목사와 게이 가톨릭 신부에게 기도를 올리게 해서, 종교 때문에 분리된 미국을 하나로 만들자고 호소했다. 그리고 취임 직후 관타나모 기지에 있는 '테러 용의자 고문소'를 폐쇄하겠다고 발표했을 뿐만 아니라 CIA 고문의 실태도 공개했다.

그 밖에도 수많은 변혁을 시도하고 있다. 대공황 이후 가장 어려워진 경제를 살리기 위해 금융업계에 막대한 공적자금을 투입하고 증권 및 금융계에 대한 감시와 규제를 강화하는 한편, 서브프라임 모기지 때문에 집을 잃은 사람들을 구제하기 위해 자금 원조를 약속했다. 전기자동차를 만드는 기업에 정부자금을 제공하고, 수천만 달러의 급여를 받으면서도 회사 경영을 파탄으로 몰고 간 GM의 CEO를 해고했다. 국민건강보험을 실현하기 위해 본격적인 준비에 들어갔으며, 피임을 포함한 포괄적 성교육을 지원하고 있다. 또한 이라크에서 책임감 있게 군대를 철수하겠다는 계획을 발표하고, 대신 탈레반이 재집결하여 힘을 키우고 있는 아프가니스탄 전쟁을 조기 종결시키는 데 관심을 쏟고 있다. 뿐만 아니라 국민의 2퍼센트밖에 되지 않는 부유층의 세금을 늘리고, 연 수입 20만 달러 이하의 서민층에 대해 세금을 내릴 방침이다.

대부분이 부시의 실정을 수습하는 정책이다.

그러나 문제는 부시가 만든 11조 달러가 넘는 재정 적자다. 경기를 자극시키기 위해 오바마는 지출에 지출을 거듭하고 있지만, 과연 언제까지 버틸 수 있을까?

그래도 미국은 오바마만 바라볼 수밖에 없다. 그 외에는 달리 믿을 사람이 없기 때문이다. 공화당은 부시 행정부와 신자유주의 경제의 실패 때문에 국민의 지지를 잃고 이제는 리더가 될 사람도, 대통령이 될 사람도 없는 상태다.

폭스뉴스도 부시의 지지율 하락과 더불어 많은 시청자를 잃었지만, 오바마 행정부 이후 철저한 정부 비판을 통해 시청률을 회복했다. 부시 행정부를 지지했던 폭스는 현재 반체제 미디어가 되었다.

얼마 전 〈W〉의 올리버 스톤 감독을 만났는데 그에게 이런 질문을 던졌다. "과연 미국이 몰락할까요?"

그러자 그는 "이미 몰락은 시작되지 않았나?"라며, "미국의 수명은 겨우 백 년인가…. 패스트푸드의 나라답게 망하는 것도 순식간이라니까." 하고 웃었다. 이렇게 농담으로 넘기는 것이 미국인의 장점이긴 하지만, 과연 이 상황이 농담에 그칠까.